콕 찍어 바로 통하는
여행중국어

예스북

콕 찍어 바로 통하는
여행중국어

초판 1쇄 인쇄 2005년 6월 22일
개정 3쇄 발행 2019년 7월 29일

지은이 | 김지나
펴낸이 | 양봉숙
편 집 | 김희정
디자인 | viewmark™

펴 낸 곳 | 예스북
출판등록 | 2005년 3월 21일 제320-2005-25호
주   소 | 서울시 마포구 노고산동 57-46 아이스페이스 1107호
전   화 | (02) 337-3053
팩   스 | (02) 337-3054
E-mail | yesbooks@naver.com
홈페이지 | www.e-yesbook.co.kr

ISBN 978-89-92197-60-1 18720

값 8,000원

'콕 찍어 바로 통하는 여행중국어'를 쓰면서

국제화시대에 발맞춰 해마다 많은 사람들이 세계 각국의 다양한 문화를 체험하고자 해외여행을 떠납니다. 사람은 누구나 아는 만큼 보이고, 보이는 만큼 느끼고, 느끼는 만큼 생각하게 마련이지요. 그리하여 여행을 통해 얻는 경험과 지식은 젊은이들로 하여금 더 크고 원대한 꿈과 미래를 설계해 나가는 밑거름이 되어줄 것입니다.

이러한 여행을 앞두고 준비해야 할 것들이 많이 있지만 그 중 단시간에 해결되지 않는 부분이 바로 언어문제일 것입니다.

그러나 두려워하지 마십시오. 도전하는 젊음은 아름답습니다.

여행지에 대한 정보와 현지 상황을 보다 철저하게 준비해 간다면 아주 간단한 의사소통만으로도 충분히 즐거운 여행을 만끽하실 수 있습니다. 여행 중 만나게 되는 장면들을 현지 상황에 딱 맞게 구성하여 쉽고 간단한 문장으로 표현한 '콕 찍어 바로 통하는 여행중국어'가 있으니까요.

이 책은 현지 사정과 필자의 여행 경험을 살려 꼭 필요한 문장들만 골라 담은 알짜배기 여행회화입니다. 이것저것 챙길 것도 많은 여행 준비물에 크고 두꺼운 책은 부담스럽기만 합니다. 알짜배기 회화들만 골라 담은 '콕 찍어 바로 통하는 여행중국어'만 챙기십시오. 찾아보기 쉽고 바로바로 사용이 가능하도록 응용단어들도 함께 담았습니다.

기내에서, 공항에서, 호텔에서, 여행지에서 꼭 필요한 문장들이 여러분과 함께 할 것입니다.

지금 해외여행을 준비 중이신가요?

그렇다면 현지에서 쉽고 편리하게 사용할 수 있는 '콕 찍어 바로 통하는 여행중국어'와 함께 하세요. 여러분의 여행이 즐거워질 것입니다.

차 례

● ● **여행준비** 009
  여권 | 비자 | 사진규격 | 항공권 | 환전
  증명서 | 여행자 보험 | 기타

● ● **생활정보** 019
  시차 | 화폐 | 전압 | 전화

● ● **성조와 발음** 022
  성조 | 운모 | 성모

● ● **기본표현** 025
  인사 | 감사 | 사과 | 부탁 | 대답 | 질문 | 되묻기

{ part 1. 기내에서 }

· 여행 tip · 044
· 좌석을 찾을 때 · 045
· 식사와 음료 제공받을 때 · 047
· 기타 서비스 요청할 때 · 050
· 불편을 호소할 때 · 051
· 입국카드 작성할 때 · 052

{ part 2. 입국 }

- 여행 tip · 058
- 입국 심사할 때 · 059
- 짐 찾을 때 · 061
- 세관 검사할 때 · 063
- 환전할 때 · 066
- 여행자 안내소에서 · 069
- 시내로 이동할 때 · 070

{ part 3. 숙박 }

- 여행 tip · 074
- 호텔 예약할 때 · 075
- 체크인할 때 · 078
- 체크인 트러블 · 081
- 예약을 하지 않았을 때 · 082
- 룸서비스 요청할 때 · 085
- 서비스 시설 이용할 때 · 087
- 문제가 발생했을 때 · 090
- 체크아웃할 때 · 093

{ part 4. 식사 }

- 여행 tip · 100
- 식당을 찾을 때 · 101
- 식당을 예약할 때 · 104
- 자리 배정 · 105
- 식사 주문할 때 · 106
- 식사할 때 · 110
- 패스트푸드점에서 · 112
- 술집에서 · 116
- 계산할 때 · 119

{ part 5. 교통 }

- 여행 tip · 122
- 길을 물을 때 · 123
- 버스를 이용할 때 · 126
- 지하철을 이용할 때 · 130
- 기차를 이용할 때 · 132
- 택시를 이용할 때 · 137
- 비행기를 이용할 때 · 140
- 렌터카를 이용할 때 · 143
- 주유소에서 · 145

{ part 6. 관광 }

- 여행 tip · 150
- 관광 안내소에서 · 151
- 자전거를 빌릴 때 · 154
- 표를 구입할 때 · 155
- 관람할 때 · 156
- 사진을 찍을 때 · 158

{ part 7. 쇼핑 }

- 여행 tip · 164
- 상점을 찾을 때 · 165
- 물건을 찾을 때 · 166
- 물건을 고를 때 · 168
- 면세점에서 · 172
- 물건을 계산할 때 · 173
- 포장 · 배송을 원할 때 · 176
- 교환 · 반품을 원할 때 · 177

{ part 8. 통신 }

- 여행 tip · 182
- 전화 · 183
- 우편 · 187
- 인터넷 · 189

{ part 9. 트러블 }

- 여행 tip · 194
- 분실·도난당했을 때 · 195
- 교통사고가 났을 때 · 197
- 병원에서 · 199
- 약국에서 · 201

{ part 10. 귀국 }

- 여행 tip · 206
- 예약을 확인할 때 · 207
- 예약을 변경할 때 · 208
- 탑승수속 · 209

바로바로 단어사전   213

여·행·준·비

😊 여권

　해외여행을 하기 위해서 가장 먼저 준비해야 할 일은 신분과 국적을 나타내는 증명서인 여권을 발급받는 일이다. 여권에는 여러 종류가 있는데 일반인들이 쉽게 만들 수 있는 일반여권은 단수여권과 복수여권이 있다. 일반 복수여권은 유효기간이 10년 (또는 5년)이며, 이 기간 동안 횟수에 제한 없이 외국여행을 할 수 있다.

　일반 단수여권은 유효기간이 1년이며, 1회에 한하여 외국여행을 할 수 있다. 여권은 본인이 직접 신청해야 한다.(본인 직접 신청제) 단, 18세 미만의 미성년자나 의학적 사유 등에 의한 경우에는 예외로 대리인 신청이 가능하다. 여권 연장은 한 번도 연장하지 않은 복수여권에 한하여 만료일 전후 1년 이내에 가능하다. 이 경우 경찰청에서 신원조회가 들어가는데, 본인에게 문제가 있거나 진행 중인 소송이 있으면 그에 해당하는 구비서류를 제출하라는 통지가 온다. 하지만 중대과실로 기소중지가 되어있거나 하지 않는다면 별다른 어려움 없이 연장할 수 있다. 여권 연장에 따른 구비서류는 기존 여권과 새로 만들 여권용 사진 1매, 신분증을 지참하고 여권과로 가서 신청하면 된다. 처리 기간은 통상 일주일 정도이다.

- **구비서류 :**

    여권발급신청서, 여권용 사진 1매
    (3.5cm x 4.5cm, 6개월 이내에 촬영한 칼라
    사진) 신분증

- **여권발급신청서 기재사항 :**

    본인의 성명(한글, 한자, 영문),
    주민등록번호, 연락처, 현주소, 등록기준지(본적지),
    국내 긴급연락처, 법정대리인의 인적사항(만 18세 미만의 경우) 등

- **발급비용 :**

    복수여권 53,000원(10년)과 45,000원(5년) 선택
    단수여권 20,000원, 유효기간 연장 23,000원(전자여권기준)

- **발급소요기간 : 3~7일**
- **신청과 발급 :**

    신청 : 여권사무 대행기관(지방자치단체)
    발급 : 한국조폐공사에서 제작 후 여권사무 대행기관을
    　　　통해 배부
    여권사무 대행기관 연락처 :
    외교통상부 http://www.0404.go.kr/index.jsp참조

- **기타 주의 할 사항 :**

    대리인을 통한 여권 신청이 가능한 경우
    의전상 사유 : 대통령(전 · 현직), 국회의장, 대법원장,
    　　　　　　헌법재판소장 및 국무총리

의학적 사유 : 본인이 직접 신청할 수 없을 정도의
　　　　　　신체적·정신적 질병, 장애나 사고 등이 있는 경우
　　　　　　(반드시 의사의 진단서 또는 소견서 제출, 장애인증 및
　　　　　　국가유공자증 등으로 대신할 수 없음)
연령 : 18세 미만의 사람
의학적 사유 또는 연령으로 인하여 대리 신청을 하는 경우에 대리인이 될 수 있는 사람의 범위는 다음과 같다.
　- 친권자, 후견인 등 법정대리인
　- 배우자
　- 본인이나 배우자의 2촌 이내 친족으로서 18세 이상인 사람

● **군복무를 마치지 아니한 남자의 경우 :**
군복무를 마치지 아니한 남자가 국외 여행을 할 경우 거주지 병무청장의 허가가 필요하다.
따라서 18세 이상 35세 이하 남자의 경우(군 미필자 및 군복무를 마치지 아니한 자)에는 국외여행허가서(25세 이상 35세 이하)와 기타 병역 관계 서류를 요구한다.
병무청 홈페이지 www.mma.go.kr를 통하여 신청이 가능하다.

비자

비자는 입국하려는 국가의 재외 공관이 발행하는 입국 허가증이다. 현재 미국, 호주, 일본, 인도, 중국 등을 제외하고는 일정한 조건(체재

기간 30~90일 이내, 귀국용 항공권을 소지한 경우)만 갖추면 관광이 목적인 경우는 비자가 면제되는 나라가 많다.

그러나 중국의 경우 비자 없이는 입국 자체가 불가능하다. 중국을 경유지로 해서 제3국으로 가더라도 반드시 비자인터뷰를 해야만 한다.

관광비자는 3개월 유효기간 내에 한 번 입국 가능한 단수비자와 1년이내라면 여러번도 가능한 복수비자가 있으며, 체류기간은 각각 30일이다.

또한 중국은 특이하게 선상비자라는 것이 있는데 배를 타고 중국으로 입국할 때 배에서 발급받는 비자이다. 편리하긴 하지만 유효기간 1개월의 단수비자라는 단점이 있다. 1개월 이상의 여행을 계획하는 사람이라면 중국영사관을 통해 일반비자를 발급받는 것이 좋다.

※ 중국비자 샘플 : 중국비자 보는법
http://www.visitbeijing.or.kr/prepare.php?file=p_20.html

중국 관광 비자 구비서류

- **구비서류 :**
  1. 여권(유효기간이 6개월 이상 남아 있어야 함)
  2. 비자 신청서(관내 비치)
  3. 주민 등록증 또는 운전면허증 원본 및 사본
  4. 여권용 사진 1장(최근 3개월 이내에 촬영한 것)

- **신청접수시간(토, 일, 국경일 제외) :**
  오전 9시 ~ 12시(단, 특급비자는 오전 10 접수마감)

- **비자 대리 신청이 가능한 사람 :**
  1. 유효출입증을 소지한 여행사직원
  2. 신청인의 직계가족(호적등본 혹은 주민등록등본으로 가족관계의 증명이 가능한 자에 한함)
  3. 기업에서 업무상의 목적으로 직원을 중국으로 파견하는 경우 해당 기업의 담당직원(입국목적이 반드시 '업무'이어야 하며 담당직원은 자신의 명함과 주민등록증을 지참해야 함)
  4. 여행목적과 일정이 동일한 단체 여행객일 경우 그중 1인 대표(친족, 기업, 학교 같은 동일조직 이외단체는 일정표, 명단, 단체임을 증명하는 자료를 첨부해야 함)
  5. 공증 받은 위임장을 소지한 대리인

- **발급소요기간 : 4일**

|주중대사관|
http://www/chinaemb.or.kr/kor

❀ 사진규격

여권은 신원증명서이므로 사진에 대하여 여러 가지 규정을 두고 있다. 다음과 같은 제한에 주의해야 한다.

- 흰색 바탕에 상반신이 정면으로 나와야 하며 얼굴의 길이가 2.5~3.5cm가 되어야 한다.
- 복사한 사진, 즉석사진, 포토샵으로 수정된 사진은 사용할 수 없다.
- 조명에 의하여 눈동자의 적목현상이 나타나거나 칼라렌즈를 착용하여서는 안 된다.
- 안경이나 가발은 평상시 착용하는 사람에게만 허용된다.
- 색안경을 착용하여서는 안 된다.
- 안경렌즈에 조명이 반사되거나 착용한 안경테가 눈을 가려서는 안 된다
- 귀 부분이 노출되어 얼굴 윤곽이 뚜렷이 드러나야 한다.
- 모자나 머플러를 착용하여서는 안 된다.
- 악세사리를 착용하는 경우 악세사리에 조명이 반사되지 않아야 한다.
- 제복, 군복, 흰색 의상을 착용하여서는 안 된다.
  (다만 군인이 공무여권을 신청할 때 제복을 입거나 학생이 교복을 입는 것 그리고 종교인이 종교적인 의상을 입는 것은 허용)

항공권

해외여행을 결심하고 일정이 정해졌다면 곧바로 항공 티켓 예약에 나서는 것이 좋다. 빠르면 3개월 전부터, 늦어도 1달 전에는 항공권 예약을 해두는 것이 좋다. 특히 방학을 이용해 여행을 떠나는 배낭여행자들이라면 항공권 예약을 늦어도 2개월 전에는 해두는 것이 좋다. 항공권의 가격은 회사별, 기간별로 차이가 많이 나므로 전문 여행사를 이용하는 편이 저렴하다.

또한 직항 노선보다 경유노선을 취항하는 항공편이 저렴하고, 항공사마다 다양한 상품들을 내놓고 있으니 일정과 예산을 잘 고려하여 자신에게 맞는 상품을 선택하면 된다. 참고로 항공권의 가격은 발권일을 기준으로 결정되므로 비수기에 예약을 해도 성수기에 항공요금이 인상되면 인상된 요금이 적용된다. 그러므로 발권시기도 잘 결정해야 한다. 또한 여행사를 통해 단체로 가는 게 아니라면 출발 3일 전에 반드시 예약을 재확인해야 한다.

환전

환전은 시중 은행이나 농협 등의 금융기관에 여권을 가지고 가면 환전이 가능하다. 환율은 외환 환율고시표에서 현찰매도란의 금액을 확인하면 된다. 참고로 환전 업무의 전면 개방으로 인해 시중 은행들이 환전 수수료 인하경쟁을 벌이고 있어 조금만

부지런히 정보를 찾는다면 환전수수료 할인이나 환율 우대쿠폰 등을 이용하여 조금 더 유리한 조건으로 환전을 할 수 있다.

환전은 가능하면 소액권으로 하고 여행자수표를 준비하자. 여행자수표는 분실할 경우에 대비하여 수표번호를 별도로 메모해 두는 것이 필요하다. 연간 1만 달러를 초과해 해외에서 카드로 결제하면 거래내용이 국세청과 관세청에 통보된다. 신용카드뿐만 아니라 직불·체크카드를 사용하는 경우도 포함되니 유의해야 한다.

증명서

학생이라면 국제학생증과 유스호스텔증을 가져가야 한다. 건축이나 미술 전공인 경우, 영문으로 된 재학증명서를 가져가면 입장료 혜택을 받을 수도 있다. 국제학생증은 isic와 isec이 두 가지 종류가 있는데 둘 중 아무거나 발급받아도 되며, isic는 케세스여행사라는 곳에서 독점으로 발급하고 isec는 주변여행사에서 발급 받을 수 있다.

유스호스텔증은 서울 광화문에 유스호스텔연맹이나 여행사를 통해서도 발급 받을 수 있다.

유스호스텔증 외에 호스텔오브유럽증도 있는데 이 증명서도 유스호스텔증과 같은 할인혜택을 받을 수 있다. 차를 렌트하여 직접 운전을 할 계획이라면 국제운전면허증도 미리 준비해 두자.

🌼 여행자 보험

해외여행을 떠나는 이들이 겪을 수 있는 불의의 사고에 대비해 여행기간에 한정해 가입하는 보험이다. 각 보험 상품은 보상한도액과 여행기간에 따라 가격이 달라진다. 인터넷을 통해서도 가입할 수 있고, 여행을 떠나기 전 공항에 있는 보험사 창구에서 바로 가입도 가능하다. 여행자 보험의 경우 대개 1만원 안팎으로 저렴하므로 만일의 경우에 대비해 가입을 해두는 것이 좋다.

🌼 기타

짐은 꼭 필요한 물품만 챙기고 신발과 복장은 최대한 편한 것으로 준비한다. 여권분실시를 대비한 여분의 여권용 사진을 챙기는 것과 여행자수표번호나 여권번호, 항공권 번호를 따로 적어두는 것도 잊지 말자. 국제전화카드, 비상약품도 미리 준비해 가는 것이 좋다. 비행기 화물 짐의 무게는 20kg이고, 기내에 반입할 수 있는 짐은 가로, 세로 높이의 합계가 115cm 이내이다. 참고로 건전지는 제품에 사용 중인 것은 휴대할 수 있지만 별도의 건전지는 휴대하고 들어갈 수 없다.
　기내에 반입할 수 없는 물건들은 별도의 위탁화물로 부쳐야 한다.

생·활·정·보

🔘 시차

지구는 둥글기 때문에 태양과의 각도가 나라마다 달라서 시차가 생긴다. 영국 그리니치 천문대를 기준으로 경도를 동경과 서경으로 나누는데, 예를 들어 서경 90도인 미국의 시카고는 영국에서 서쪽으로 90도만큼 떨어져 있다는 뜻이다. 영국보다 오른쪽에 있는 우리나라는 동경 135도를 기준으로 쓰고 있다. 지구를 단순히 원으로 생각하고 24개로 나누면 360도를 24로 나눈 15도가 나온다. 24로 나눈 것은 하루가 24시간이기 때문인데, 360도와 24시간을 서로 비례식을 이용해서 계산할 때 15도에 1시간 꼴이라는 것을 알 수가 있다. 같은 나라여도 지역에 따라서 시차가 나는 것은 이 때문이다. 여행지의 정확한 시차를 알고 싶다면 지구본을 돌려 경도를 살펴보자.

🔘 화폐

중국의 화폐는 런민비(인민폐)라고 하는데, 지폐와 동전으로 이루어져 있다. 기본단위는 元(위안)이다. 보조단위로 角(지아오)와 分(펀)이 사용된다. 지폐는 100元, 50元, 20元, 10元, 5元, 2元, 1元, 5角, 2角, 1角가 사용되고, 동전에는 1元, 5角, 1角, 5分, 2分, 1分 등이 있다.

1위안은 우리나라 돈으로 대략 170원에서 180원 사이에서 형성되고 있다.

❂ 전압

국내의 전자제품을 외국에서 사용하려면 해당국가의 전압과 Hz, 그리고 플러그 모양을 반드시 확인해야 한다. 미국의 경우 우리와 동일한 모양의 플러그를 사용하지만, 대부분의 국가는 전압과 플러그 모양이 우리나라와 다르다.

우리나라는 220V, 60Hz를 쓰지만 중국의 경우 220V, 60Hz를 사용한다. 때문에 일반적인 전자제품을 사용하는 데에는 큰 문제가 없다. 다만 주파수가 틀리므로 모터를 사용하는 제품에는 이상이 있을 수 있다고 한다.

❂ 전화

국제전화를 사용해야 할 일이 있다면 출국 전에 국제전화 선불카드를 구매하는 것이 다른 통화방법에 비해 경제적이다. 국제전화 선불카드는 유선전화, 핸드폰, 공중전화 어디서든 사용이 가능하다. 따라서 여러 사람이 한 카드번호를 동시에 공유해서 사용할 수도 있다.

선불카드를 이용하여 국제전화를 기는 방법은 접속번호와 카드번호를 누르고, 국가번호 - 지역번호(지역번호 앞의 0은 제외) - 전화번호를 누르면 된다. 예를 들어 서울 123-4567로 전화할 경우 82- 걸면 된다.

성조와 발음

중국어의 구성은 성조, 운모, 성모 3개 부분으로 나뉜다.

🔸 성조

성조란 음절의 높낮이를 말하며, 하나의 음절이 한 글자를 이루어 단어의 뜻을 구별해준다. 음정의 주요 모음(a, o, e, i, u) 위에 표시하며, 병렬될 때는 a o e i u 순서대로 표시한다. 단 i와 u가 병렬될 때에는 뒤에 놓인 운모 위에 성조표시를 한다.

	표기	음계	발음법
1성	─		높은 음에서 수평으로 길게
2성	╱		중간 음에서 높은 음으로
3성	∨		중저음에서 저음으로 내렸다가 다시 높은 음으로
4성	╲		가장 높은 음에서 가장 낮은 음으로 빠르게
경성	없음		약하고 짧게

🔆 운모

발음의 기본이 되는 운모는 혀의 위치에 따라 단운모, 복운모, 비운모, 권설운모, 결합운모로 나뉜다.

	i 이	u 우	ü 위
a 아	ia 이아	ua 우아	
o 오		uo 우어	
e (으)어	ie 이에		üe 위에
ai 아이		uai 우아이	
ei 에이		uei(ui) 우에이(웨이)	
ao 아오	iao 이아오(야오)		
ou 어우	iou 여우(이우)		
an 안	ian 이엔	uan 우완(완)	üan 이엔
en (으)언	in 인	uen 우언(원)	ün 윈
ang 앙	iang 양	uang 우앙(왕)	
eng 엉	ing 잉	ueng 우엉(웡)	
ong 옹	iong 이옹		
er(r) 얼			

😀 성모

성모는 혀의 위치에 따라 쌍순음, 순치음, 설첨음, 권설음, 설면음, 설근음으로 나뉜다.

b	p	m	f	d	t	n
ㅂ/ㅃ	ㅍ	ㅁ	ㅍ	ㄷ/ㄸ	ㅌ	ㄴ

l	g	k	h	j	q	x
ㄹ	ㄱ/ㄲ	ㅋ	ㅎ	ㅈ	ㅊ	ㅅ

z	c	s	zh	ch	sh	r
ㅈ/ㅉ	ㅊ	ㅅ/ㅆ	ㅈ	ㅊ	ㅅ	ㄹ

기·본·표·현

인사

:: 안녕하세요.
Hi. / Hello.

你好?
nǐ hǎo

니 하오

:: 여러분 안녕하세요.
Hello, Everyone.

大家好!
dàjiā hǎo

따쨔 하오

:: 좋은 아침입니다.
Good morning.

早上好!
zǎoshang hǎo

쟈오샹 하오

:: 좋은 오후입니다.
Good afternoon.

下午好!
xiàwǔ hǎo

씨아우 하오

기·본·표·현

:: 좋은 저녁입니다.
Good evening.

晚上好!
wǎnshang hǎo

완샹 하오

:: 잘 지내시죠?
How are you?

你最近过得好吗?
nǐ zuì jìn guòde hǎo ma?

니 쭈이찐 꿔더 하오 마

:: 잘 지냅니다. 당신은요?
Fine, thank you. And you?

很好。你呢?
hěn hǎo nǐ ne

헌하오 니너

:: 건강은 어떠세요?
How are you?

你身体还好吗?
nǐ shēntǐ hái hǎo ma?

니 션티 하이 하오 마

기·본·표·현

인사

:: 요즘 어떠세요?
How are you doing these days?

你最近过得怎么样?
nǐ zuì jìn guòde zěnmeyàng

니 쭈이찐 꿔더 전머양

:: 그런대로 괜찮습니다.
So so.

还可以。
hái kěyǐ

하이 커이

:: 여전합니다.
About the same.

我还是老样子。
wǒ háishì lǎo yàng zi

워 하이 스 라오 양 즈

:: 처음 뵙겠습니다.
How do you do?

初次见面。
chūcì jiànmiàn

추츠 찌엔미엔

기본표현 27

기·본·표현

:: 만나서 기쁩니다.
Nice to meet you.

见到你很高兴。
jiàndào nǐ hěn gāoxìng

찌엔 따오니 헌 까오싱

:: 저 역시 만나서 반갑습니다.
Nice to meet you, too.

认识你我也很高兴。
rènshí nǐ wǒ yě hěn gāoxìng

런스 니 워에 헌 까오싱

:: 잘 부탁드립니다.
I would appreciate your favor.

请多多关照。
qǐng duōduō guānzhào

칭 뚜어뚜어 관자오

:: 저는 한국인입니다.
I'm Korean.

我是韩国人。
wǒ shì hán guó rén

워스 한궈런

기·본·표·현

인사

:: 안녕히 가세요.
Good bye.

再见。
zài jiàn

짜이 찌엔

:: 그럼 다음에(또 만나요).
See you again.

下次再见。
xiàcì zài jiàn

씨아츠 짜이 찌엔

:: 내일 또 만납시다.
See you tomorrow.

明天见。
míngtiān jiàn

밍티엔 찌엔

:: 한국에서 다시 만납시다.
See you again in Korea.

让我们相见在韩国吧。
ràng wǒmen xiāngjiàn zài hánguó ba

랑 워먼 씨앙찌엔 짜이한궈바

기본표현 29

기·본·표·현

:: 고맙습니다.
Thank you.

谢谢!
xiè xiè

씨에씨에

:: 감사합니다.
I appreciate it.

谢谢您!
xiè xiè nín

씨에씨에 닌

:: 대단히 고맙습니다.
Thank you very much.

非常感谢你!
fēi cháng gǎn xiè nǐ

페이창 깐씨에 니

:: 수고하셨습니다.
Thank you for your trouble.

辛苦了。
xīn kǔ le

신 쿠 러

기·본·표·현

:: 친절에 감사드립니다.
Thank you for your kindness.

谢谢您的热情款待!
xiè xiè nín de rèqíng kuǎndài

씨에씨에 닌더 러칭 콴따이

:: 도와주셔서 감사합니다.
Thank you for your help.

谢谢您的帮助。
xiè xiè nín de bāng zhù

씨에씨에 닌더 빵주

감사

:: 초대해 주셔서 감사합니다.
Thank you for inviting me.

谢谢您的邀请。
xiè xiè nín de yāoqǐng

씨에씨에 닌더 야오칭

:: 어떻게 감사를 드려야 할지 모르겠네요.
I can't thank you enough.

我不知道该怎么感谢你。
wǒ bùzhīdào gāi zěnme gǎnxiè nǐ

워부쯔따오 까이 전머 간씨에니

기본표현 31

기·본·표·현

:: 미안합니다.
I'm sorry.

对不起!
duì bu qǐ

뚜이부치

:: 정말 죄송합니다.
I'm really sorry.

真对不起!
zhēn duì bu qǐ

쩐 뚜이부치

:: 실례합니다.
Excuse me.

麻烦您一下。
máfan nín yíxià

마판 닌 이샤

:: 용서해 주세요.
Please forgive me.

请原谅我吧。
qǐng yuán liàng wǒ ba

칭 위엔량 워바

기·본·표·현

:: 늦어서 죄송합니다.
I'm sorry for being late.

对不起，我迟到了。
duì bu qǐ wǒ chí dào le

뚜이부치 워 츠 따오 러

:: 기다리게 해서 죄송합니다.
I'm sorry to have kept you waiting.

对不起，让你久等了。
duì bu qǐ ràng nǐ jiǔ děng le

뚜이부치 랑 니 지우 덩 러

:: 폐를 끼쳐서 죄송합니다.
Sorry for troubling you.

사과

对不起，我给您添麻烦了。
duì bu qǐ wǒ gěi nín tiān máfan le

뚜이부치 워 게이닌 티엔 마판 러

:: 제가 잘못했습니다.
That's my mistake.

对不起，我做错了。
duì bu qǐ wǒ zuò cuò le

뚜이부치 워 쭈어츄어 러

기·본·표·현

:: 부탁이 있습니다.
Do me a favor, please.

拜托一下。
bài tuō yíxià

빠이투어 이샤

:: 도와주시겠습니까?
Can you help me?

能帮一下忙吗?
néng bāng yíxià máng ma

넝빵 이샤 망마

:: 여기에 앉아도 됩니까?
May I sit here?

我能坐在这里吗?
wǒ néng zuò zài zhè lǐ ma

워 넝 쭈어짜이쩌리 마

:: 전화 좀 빌릴 수 있을까요?
May I use your telephone?

可以借用一下您的电话吗?
kě yǐ jiè yòng yíxià nín de diànhuà ma

커이 찌에용 이샤 닌더 디엔화마

기·본·표·현

:: 여기서 담배를 피워도 괜찮을까요?
May I smoke here?

在这儿可以抽烟吗?
zài zhè r kě yǐ chōuyān ma

짜이쩔 커이 초옌마

:: 창문을 열어도 될까요?
May I open the window?

可以打开窗户吗?
kě yǐ dǎ kāi chuāng hù ma

커이 다카이 추앙후마

:: 말씀 좀 여쭙겠습니다.(질문해도 될까요?)
Can I ask you a question?

请问一下。
qǐng wèn yíxià

칭원 이샤

:: 잠시만 기다려 주세요.
Just a moment, please.

请你稍微等一下。
qǐng nǐ shāo wēi děng yíxià

칭니 샤오웨이 덩이샤

부탁

기본표현 35

기·본·표·현

:: 예. / 아니오.
Yes. / No.

是。/ 不是。
shì / búshì

스 부스

:: 네, 그렇습니다.
Yes, it is.

是。 是这样的。
shì   shì zhèyàng de.

스 스 쩌양더

:: 아니오, 그렇지 않습니다.
No, it isn't.

不， 并不是这样。
bù bìng bú shì zhè yàng

뿌 삥부쓰 쩌양

:: 네, 고맙습니다.
Yes, thank you.

好， 谢谢!
hǎo xiè xiè

하오 씨에씨에

기·본·표·현

대답

:: 아니오, 괜찮습니다.
No, thank you.

不, 不用了。
bù bú yòng le

뿌 부용러

:: 알겠습니다.
I understand.

知道了。
zhī dào le

쯔따오러

:: 모르겠습니다.
I don't know.

不知道。
bù zhī dào

뿌쯔따오

:: 괜찮습니다.
That's all right.

没关系。
méi guān xi

메이관시

기·본·표·현

:: 이것은 무엇입니까?
What is this?

这是什么?
zhè shì shén me

쩌스 션머

:: 그건 뭡니까?
What's that?

那是什么?
nà shì shén me

나스 션머

:: 여기는 어디입니까?
Where are we?

这是哪里?
zhè shì nǎ li

쩌스 나 리

:: 지금 몇 시입니까?
What time is it now?

现在几点了?
xiàn zài jǐ diǎn le

씨엔짜이 지디엔러

기·본·표·현

:: 이름이 뭡니까?
What's your name?

请问您叫什么名字?
qǐng wèn nín jiào shénme míng zi

칭원 닌 찌아오 션머밍즈

:: 어디에서 오셨습니까?
Where are you from?

你从哪里来?
nǐ cóng nǎ li lái

니 총 나리 라이

질문

:: 입국목적은 무엇입니까?
What's the purpose of your visit?

入境目的是什么?
rù jìng mù di shì shén me

루징 무디 스 션머

:: 어느 정도 체류하십니까?
How long are you staying?

滞留多长时间?
zhì liú duō cháng shí jiān

쯔리우 뚜어창 스지엔

기·본·표·현

:: 무엇을 찾고 있습니까?
What are you looking for?

你在找什么?
nǐ zài zhǎo shén me

니 짜이자오 션머

:: 화장실은 어디입니까?
Where's the rest room?

洗手间在哪儿?
xǐ shǒu jiān zài nǎ r

시셔우지엔 짜이날

:: 입구는 어디입니까?
Where's the entrance?

入口在哪儿?
rù kǒu zài nǎ r

루 커우 짜이날

:: 얼마입니까?
How much is it?

多少钱?
duō shǎo qián

뚜어샤오 치엔

기·본·표·현

:: 뭐라고요?
Pardon?

什么?
shén me

션머

:: 뭐라고 하셨습니까?
What did you say?

你说什么?
nǐ shuō shén me

니 슈어 션머

:: 다시 한번 말씀해 주시겠어요?
I beg your pardon?

请您再说一遍好吗?
qǐng nín zài shuō yí biàn hǎo ma

칭닌 짜이슈어 이삐엔 하오 마

되묻기

:: 좀더 천천히 말씀해 주세요.
Can you speak more slowly?

请您说慢一点儿。
qǐng nín shuō màn yì diǎn r

칭 닌 슈어 만 이디얼

기본표현 41

기·본·표·현

:: 써 주십시오.
Please write it down.

写一下好吗?
xiě yíxià hǎo ma

시에 이샤 하오 마

:: 그건 무슨 뜻이죠?
What does it mean?

那是什么意思?
nà shì shén me yì si

나스 션머 이쓰

:: 이건 어떻게 발음합니까?
How do you pronounce it?

这该怎么读呢?
zhè gāi zěn me dú ne

쩌까이 젼머 두 너

:: 제 말을 알아듣겠습니까?
Do you understand what I mean?

你能听懂我说的话吗?
nǐ néng tīng dǒng wǒ shuō de huà ma

니 넝 팅동 워 슈어더화 마

我的座位在哪儿?
　　　这好象是我的座位。
请您系好安全带。

여행 TIP

●● 해외여행을 할 때는 출발 2시간 전까지 공항에 도착하여 탑승수속을 해야 한다. 공항의 체크인 카운터는 항공사마다 다르기 때문에 자신이 예약한 항공사의 카운터를 찾아가 항공권을 발권 받고 수하물 수속을 한다. 탑승게이트와 탑승시간을 확인한 후 자유롭게 시간을 보내다가 시간에 맞춰서 해당 게이트 앞으로 오면 된다.

●● 기내에 들어서면 탑승권에 적힌 지정좌석을 찾는다. 잘 모를 때는 승무원에게 티켓을 보여주면 친절하게 안내해 준다.
국내항공을 이용할 경우에는 상관없지만 중국 항공사를 이용할 경우 기내에 들어서면서부터 중국어로 안내를 받게 된다. 간혹 한국 승무원이 있는 항공사도 있지만 대부분의 외국인 승무원들은 한국어를 알아듣지 못하므로 기본적인 표현은 외워두는 것이 좋다.

●● 기내에서는 안내에 따라 휴대폰과 컴퓨터 등의 전원을 끄고 안전벨트를 착용한다. 안내 표시등이 꺼지면 안전벨트를 풀 수 있고 자리이동도 가능하다. 참고로 국내항공은 물론 외국항공사의 경우도 대부분 기내 흡연을 금지하고 있으므로 화장실 등에서 몰래 흡연행위를 하다가 적발되어 처벌을 받지 않도록 각별히 유의하자.

좌석을 찾을 때

좌석찾기

:: 제 좌석은 어디입니까?
Where's my seat?

我的座位在哪儿?
wǒ de zuò wèi zài nǎ r

워더 쭤웨이 짜이날

:: 탑승권을 보여주시겠습니까?
May I see your boarding pass, please?

请给我看一下您的机票。
qǐng gěi wǒ kàn yíxià nín de jī piào

칭게이워칸 이샤 닌더 지퍄오

:: 잠깐 지나가도 되겠습니까?
Can I pass?

我能过去一下吗?
wǒ néng guò qù yíxià ma

워넝 꿔취 이샤 마

:: 여긴 제 자리인 것 같은데요.
I think this is my seat.

这好象是我的座位。
zhè hǎo xiàng shì wǒ de zuò wèi

쩌 하오샹스 워더 쭤웨이

기내에서 45

좌석을 찾을 때

:: 의자를 뒤로 젖혀도 될까요?
May I put my seat back?

我可以把座椅放倒吗?
wǒ kě yǐ bǎ zuò yǐ fàng dǎo ma

워 커이 바 쭤이 팡다오마

:: 안전벨트를 매 주십시오.
Please fasten your seat belt.

请您系好安全带。
qǐng nín jì hǎo ān quán dài

칭닌 찌하오 안취엔따이

:: 좌석을 바꿔 주시겠습니까?
Could I change my seat?

您可以跟我换一下座位吗?
nín kě yǐ gēn wǒ huàn yíxià zuò wèi ma

닌 커이껀워 환이샤 쭤웨이 마

:: 빈 자리로 옮겨도 되겠습니까?
Could I move to an empty seat over there?

我可以换到那个空位上去吗?
wǒ kě yǐ huàn dào nà ge kōng wèi shàng qù ma

워 커이 환따오 나거 콩웨이샹취 마

식사와 음료 제공받을 때

기내에서

:: 무엇을 마시겠습니까?
What would you like to drink?

你想喝点什么?
nǐ xiǎng hē diǎn shén me

니 샹허디엔 션머

:: 어떤 음료가 있습니까?
What kind of drinks do you have?

有什么饮料呢。
yǒu shén me yǐn liào ne

여우 션머 인랴오너

:: 녹차 있습니까?
Do you have green tea?

有绿茶吗?
yǒu lǜ chá ma

여우 뤼차마

:: 물 한 잔 주세요.
A glass of water, please.

请给我一杯水。
qǐng gěi wǒ yì bēi shuǐ

칭 게이 워 이뻬이 쉐이

식사와 음료 제공받을 때

:: 주스 주세요.
Juice, please.

请给我一杯果汁。
qǐng gěi wǒ yì bēi guǒ zhī

칭 게이 워 이뻬이 궈쯔

:: 한 잔 더 주실 수 있습니까?
Can I have another drink?

我能再喝一杯吗?
wǒ néng zài hē yì bēi ma

워 넝 짜이 허 이뻬이 마

:: 실례합니다. 식사 하시겠습니까?
Excuse me. Would you like to have a meal?

打扰一下，请问想要用餐吗?
dǎ rǎo yíxià qǐngwèn xiǎng yào yòng cān ma

다라오 이샤 칭원 샹야오 용찬 마

:: 어떤 음식이 있습니까?
What kind of foods do you have?

有什么菜?
yǒu shén me cài

여우 션머 차이

식사와 음료 제공받을 때

기내에서

:: 쇠고기와 생선 중 뭘로 하시겠습니까?
What do you want, beef or fish?

我们有牛肉和鱼，请问您要哪种?
wǒmen yǒu niúròu hé yú qǐngwèn nín yào nǎ zhǒng

워먼 여우 뉴러우 허 위 칭원 닌 야오 나종

:: 쇠고기로 주세요.
Beef, please.

请给我牛肉，谢谢。
qǐng gěi wǒ niúròu xiè xiè

칭게이워 뉴러우 씨에씨에

:: 지금은 먹고 싶지 않습니다.
I don't feel like eating now.

现在我不想吃。
xiàn zài wǒ bù xiǎng chī

씨엔자이 워 뿌 샹 츠

:: 젓가락을 떨어뜨렸습니다.
I dropped my chopsticks.

我把筷子掉到地上了。
wǒ bǎ kuài zi diào dào dì shàng le

워 바 콰이즈 띠아오따오 띠샹러

기내에서 49

∷ 기타 서비스 요청할 때

∷ 모포 한 장 주세요.
May I have a blanket, please?

请给我一条毛毯,谢谢。
qǐng gěi wǒ yì tiáo máo tǎn xiè xiè

칭게이워 이 탸오 마오탄 씨에씨에

∷ 한국 신문 있습니까?
Do you have a Korean language newspaper?

有韩文报纸吗?
yǒu hán wén bào zhǐ ma

여우 한원 빠오즈 마

∷ 화장실은 어디입니까?
What's the rest room?

请问厕所在哪里?
qǐngwèn cè suǒ zài nǎ li

칭원 처수어 짜이나리

∷ 비행은 예정대로입니까?
Is this flight on schedule?

飞机如期运行吗?
fēi jī rú qī yùn xíng ma

페이지 루치 윈싱 마

50 바로바로 통하는 여행중국어

불편을 호소할 때

기내에서

:: 몸이 좀 불편합니다.
I feel a little sick.

我的身体有点不舒服。
wǒ de shēntǐ yǒu diǎn bù shūfu

워더 션티 요디얼 뿌 슈푸

:: 추운데요.
I feel chilly.

有点冷。
yǒu diǎn lěng

요디얼 렁

:: 감기 기운이 있습니다.
I have a slight cold.

我好象感冒了。
wǒ hǎo xiàng gǎn mào le

워 하오샹 간 마오 러

:: 멀미용 백 있습니까?
Do you have an airsickness bag?

有呕吐袋吗?
yǒu ǒu tù dài ma

여우 오우투 따이 마

기내에서 51

입국카드 작성할 때

:: 입국카드를 작성해 주세요.
Please fill out the immigration form.

请您填写出入境表。
qǐng nín tián xiě chū rù jìng biǎo

칭닌 티엔시에 추루징뱌오

:: 이건 어떻게 씁니까?
Would you tell me how to fill out this form?

这个怎么写?
zhè ge zěn me xiě

쩌거 젼머 시에

:: 펜 좀 빌려 주세요.
Can I borrow your pen?

请借我一支笔。
qǐng jiè wǒ yì zhī bǐ

칭 찌에 워 이쯔 비

:: 카드 한 장 더 주시겠어요?
May I have another card?

能再给我一张表吗?
néng zài gěi wǒ yì zhāng biǎo ma

넝 짜이게이워 이장 뱌오 마

📘 입국신고서 작성법

출입국 신고서는 나라마다 조금씩 양식이 다르지만 기입내용은 우리나라의 출입국 신고서와 거의 동일하기 때문에 샘플을 보면 쉽게 작성할 수 있다. 성명, 국적, 생년월일, 성별, 주소, 직업, 체류지, 여권번호, 입국편명, 체류기간, 출발지, 방문목적, 서명을 영어나 중국어로 작성하면 된다. 작성한 입국 카드는 여행지 도착 후 입국심사대에 제출한다. 출입국 카드의 서명란에는 반드시 여권에 한 것과 똑같은 서명을 하도록 하고, 특히 방문의 목적과 숙박지의 주소를 명확하게 기록해야 한다. 정확히 적지 않으면 이것저것 질문이 많아지고 최악의 경우 강제출국 조치가 떨어질 수도 있다.

📘 입국신고서

성명 姓名 씽밍
이름 名字 밍즈
생년월일 出生日期 추성르치
현주소 现在地址 씨엔자이띠즈
중국의 연락처 联络方式 리엔루오팡쓰
여권번호 护照号 후자오하오
항공기 편명 · 선명 航班号 · 船次 항반하오 · 츄안츠
탑승지 出发地 추파띠
여행목적 旅行目的 뤼싱무띠
서명 签名 치엔밍
중국체류예정기간 在中国滞留期间 짜이쭝궈쯔리우치지엔

성 姓 씽
국적 国籍 궈지
남, 여 性別 씽비에
직업 职业 즈이에

 찍어 활용하기

_____를(을) 주세요.

_____, please.

请给我 _____。
qǐng gěi wǒ
칭게이워

커피 coffee	녹차 green tea	주스 juice	맥주 beer
咖啡	绿茶	果汁	啤酒
kā fēi	lǜ chá	guǒ zhī	pí jiǔ
카페이	뤼차	궈쯔	피지우

쇠고기 beef	닭고기 chicken	모포 blanket	베개 pillow
牛肉	鸡肉	毛毯	枕头
niú ròu	jī ròu	máo tǎn	zhěn tóu
뉴러우	지러우	마오탄	쩐터우

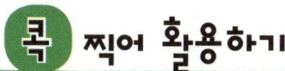 찍어 활용하기

_____ 있습니까?

Do you have _____?

有 _____ 吗?
yǒu　　　　　ma
여우　　　　　마

멀미백
airsickness bag

呕吐袋

ǒu tù dài

오우투따이

소화제
digestant

助消化药

zhù xiāo huà yào

쭈씨아오화야오

화장지
toilet paper

卫生纸

wèi shēng zhǐ

웨이셩즈

볼펜
ball-point pen

圆珠笔

yuán zhū bǐ

위엔쭈비

공항과 기내에서 사용되는 단어

국내선 国内航班 궈네이항반
출발입구 登机口 떵지커우
도착입구 到站口 따오잔커우
탑승수속 중 登机中 떵지쭝
환승비행기 换乘飞机 환청페이지
통로 通路 통루
좌석 座位 쭤웨이
모포 毛毯 마오탄
베개 枕头 전터우
안전벨트 착용 系好安全带 찌하오안취엔따이
구명조끼 救生衣 찌우셩이
선반 架子 찌아즈
비상구 紧急出口 진지추커우
금연 禁止吸烟 찐즈씨엔
화장실 사용 중 厕所使用中 처수어스용쭝
비어 있음 厕所沒人使用 처수어메이런스용
스튜어디스 空姐 콩지에

入境目的是什么?
这是行李牌。
我找不到我的行李。

여행 TIP

●● 여행지에 도착하면 분실물이 없도록 잘 체크하고 여권과 입국신고서를 가지고 Arrival이라는 표시를 따라가면 입국심사대가 나온다. 외국인(Alien)용으로 가서 줄을 서면 된다.
여권과 입국신고서를 제시하면 입국목적과 체류기간, 체류장소 등을 묻고 별 문제가 없으면 여권에 상륙허가 도장을 찍어준다.
질문에 답할 때는 당황하지 말고 또박또박하게 대답하는 것이 좋다.
경우에 따라서 여행경비나 돌아가는 비행기표를 보여 달라고 한다.

●● 입국심사가 끝나면 여권을 돌려받고 짐 찾는 곳으로 가서 자신의 짐을 찾아 세관 카운터(Customs)로 가서 직원에게 짐과 여권을 건네준다. 신고할 물건이 있을 경우에는 세관신고서를 미리 작성한다. 또한 세관신고서 사본은 잘 보관해 두어야 한다.
출국수속을 할 때 신고서에 명시되지 않았는데 추가되었거나 없어진 물건이 있을 경우에는 관세를 물어야 하기 때문이다.

입국 심사할 때

:: 여권을 보여 주세요.
Your passport, please.

请出示一下您的护照。
qǐng chū shì yíxià nín de hù zhào

칭 추스 이샤 닌더 후자오

:: 입국목적은 무엇입니까?
What's the purpose of your visit?

入境目的是什么?
rù jìng mùdì shì shén me

루징 무디 스 션머

:: 관광입니다.
Sightseeing.

观光。
guān guāng

관구앙

:: 유학입니다.
Studying abroad.

留学。
liú xué

리우쉬에

:: 입국 심사할 때

:: 어느 정도 체류하십니까?
How long are you staying?

将滞留多长时间?
jiāng zhì liú duō cháng shí jiān

찌앙 쯔리우 뚜어창 스지엔

:: 1주일입니다.
I'm staying a week.

一周。
yì zhōu

이 쩌우

:: 어디에서 머뭅니까?
Where are you staying?

将住在哪儿?
jiāng zhù zài nǎ r

찌앙 쭈짜이 날

:: 북경 호텔에 머뭅니다.
I'll stay at the Beijing Hotel.

我将住在北京酒店。
wǒ jiāng zhù zài běijīng jiǔdiàn

워찌앙 쭈짜이 베이징지우띠엔

짐 찾을 때

:: 짐은 어디에서 찾습니까?
Where can I get my baggage?

在哪儿取行李?
zài nǎ r qǔ xíng li

짜이 날 취 싱리

:: 505편의 짐은 나왔습니까?
Has baggage from flight 505 already come out?

505号航班的行李已经出来了吗?
wǔ líng wǔ hào hángbān de xíngli yǐ jīng chū lái le ma

우링우하오 항빤더 싱리 이찡 추라이러마

:: 내 짐을 찾을 수 없습니다.
I can't find my baggage.

我找不到我的行李。
wǒ zhǎo bu dào wǒ de xíngli

워 자오 부따오 워더 싱리

:: 이 짐이 맞습니까?
Is this your baggage?

这个行李是你的吗?
zhè ge xíngli shì nǐ de ma

쩌거 싱리스 니더 마

입국

짐 찾을 때

:: 아니오, 이건 제 것이 아닌데요.
No, this is not mine.

不，这不是我的。
bù zhè bu shì wǒ de

뿌 쩌부스 워더

:: 제 가방은 검은색입니다.
My bag is black.

我的手提箱是黑色的。
wǒ de shǒutíxiāng shì hēi sè de

워더 셔우티샹 스 헤이써 더

:: 수하물 인환증은 있습니까?
Do you have your claim tag?

有行李牌吗?
yǒu xíngli pái ma

여우 싱리 파이 마

:: 이것이 수하물인환증입니다.
Here is my claim tag.

这是行李牌。
zhè shì xíngli pái

쩌스 싱리 파이

:: 세관 검사할 때

:: 세관신고서를 보여주십시오.
Your declaration card, please.

请出示海关申报单。
qǐng chū shì hǎi guān shēn bào dān

칭 추스 하이관 션빠오단

:: 신고서는 가지고 있지 않습니다.
I don't have a declaration card.

我没有申报单。
wǒ méi yǒu shēn bào dān

워 메이여우 션빠오단

:: 짐은 이게 전부입니까?
Is this all of your luggage?

您的行李只有这些吗?
nín de xíngli zhǐ yǒu zhè xiē ma

닌더 싱리 즈여우 쩌씨에마

:: 다른 짐은 있습니까?
Do you have any other baggage?

还有其他的行李吗?
hái yǒu qí tā de xíngli ma

하이 여우 치타더 싱리마

세관 검사할 때

:: 신고할 물건이 있습니까?
Do you have anything to declare?

有没有要申报的东西?
yǒu méi yǒu yào shēnbào de dōng xi

여우 메이 여우 야오 션빠오 더 똥시

:: 없습니다.
Nothing.

没有。
méi yǒu

메이여우

:: 이 가방을 열어주십시오.
Please open this bag.

请打开行李。
qǐng dǎ kāi xíngli

칭 다카이 싱리

:: 이건 뭡니까?
What's this?

这是什么?
zhè shì shén me

쩌스 션머

64 바로바로 통하는 여행중국어

세관 검사할 때

:: 친구에게 줄 선물입니다.
Gifts for my friends.

给朋友的礼物。
gěi péng you de lǐ wù

게이 펑여우 더 리우

:: 이 카메라는 제가 사용하는 것입니다.
This camera is for my own use.

这相机是我自己用的。
zhè xiàng jī shì wǒ zì jǐ yòng de

쩌샹지스 워 쯔지용더

입국

:: 이건 과세 대상이 됩니다.
You have to pay duty on it.

这个东西需要交税。
zhè ge dōng xi xū yào jiāo shuì

쩌거 똥시 쉬야오 쨔오쉐이

:: 과세액은 얼마입니까?
How much is the duty?

要交多少税?
yào jiāo duō shǎo shuì

야오쨔오 뚜어샤오 쉐이

입국 65

환전할 때

:: 환전하는 곳은 어디입니까?
Where can I exchange money?

哪里可以兑换货币?
nǎ li kě yǐ duì huàn huò bì

나리 커이 뚜이환 훠삐

:: "환전"이라고 써진 곳으로 가십시오.
Go to Currency Exchange.

请到写有"外币兑换"的柜台。
qǐng dào xiě yǒu "wàibì duìhuàn" de guìtái

칭따오 시에여우 와이삐 뚜이환 더 꿰이타이

:: 환전하려고 합니다.
I'd like to exchange some money.

我要兑换外币。
wǒ yào duìhuàn wàibì

워 야오 뚜이환 와이삐

:: 얼마나 바꾸시겠습니까?
How much do you want to exchange?

请告诉我你要换多少。
qǐng gào su wǒ nǐ yào huàn duōshǎo

칭 까오수워 니 야오 환 뚜어샤오

환전할 때

:: 100달러요.
One hundred dollars.

换一百美元。
huàn yì bǎi měiyuán

환 이바이 메이위엔

:: 이것을 환전해 주시겠습니까?
Could you exchange this?

麻烦您帮我兑换这笔钱。
máfan nín bāng wǒ duìhuàn zhè bǐ qián

마판 닌 빵워 뚜이환 쩌비치엔

:: 인민폐로 바꾸어 주십시오.
Change this to RMB, please.

请帮我换成人民币。
qǐng bāng wǒ huàn chéng rénmínbì

칭 빵워 환청 런민삐

:: 달러로 바꿔 주십시오.
Change this to dollars, please.

请帮我换成美元。
qǐng bāng wǒ huàn chéng měiyuán

칭 빵워 환청 메이위엔

환전할때

:: 수수료는 얼마입니까?
How much is your commission?

手续费是多少?
shǒu xù fèi shì duōshǎo

셔우쉬페이 스 뚜어샤오

:: 잔돈도 섞어주세요.
I'd like some small change.

一些给我换成零钱吧。
yìxiē gěi wǒ huàn chéng líng qián ba

이씨에 게이워 환청 링치엔바

:: 이 표를 작성해주세요.
Fill out this form, please.

请你填写这张表。
qǐng nǐ tián xiě zhè zhāng biǎo

칭 니 티엔시에 쩌 쟝 뱌오

:: 이렇게 하면 됩니까?
Is it O.K.?

这样写对吗?
zhè yàng xiě duì ma

쩌양시에 뚜이마

여행자 안내소에서

:: 관광 안내소는 어디에 있습니까?
Where is the tourist information center?

旅游咨询处在哪儿?
lǚ yóu zī xún chù zài nǎ r

뤼요 쯔쉰추 짜이날

:: 시내 지도 있습니까?
Do you have a city map?

有城市地图吗?
yǒu chéng shì dì tú ma

여우 청스 디투마

:: 여기서 호텔예약을 할 수 있습니까?
Can I reserve a hotel here?

在这里可以预定酒店吗?
zài zhè lǐ kěyǐ yù dìng jiǔ diàn ma

짜이쩌리 커이 위딩 지우띠엔마

:: 역에서 가까운 호텔을 부탁합니다.
I'd like a hotel close to the station.

请您帮我推荐一个火车站附近的酒店。
qǐng nín bāng wǒ tuī jiàn yígè huǒchēzhàn fùjìn de jiǔdiàn

칭닌 빵워 투이찌엔 이거 훠처잔 푸찐 더 지우띠엔

입국

시내로 이동할 때

:: 수하물 수레가 어디에 있죠?
Where can I find a baggage cart?

行李手推车在哪里?
xíngli shǒu tuī chē zài nǎ li

싱리 셔우투이처 짜이나리

:: 짐을 트렁크에 넣어주세요.
Please put my baggage in the trunk.

请把行李放进后备箱里。
qǐng bǎ xíngli fàng jìn hòu bèi xiāng lǐ

칭바 싱리 팡진 허우베이샹리

:: 이 짐을 버스정류소까지 옮겨 주세요.
Please take this baggage to the bus stop.

请把这行李送到公交车站。
qǐng bǎ zhè xíngli sòng dào gōngjiāochēzhàn

칭바 쩌 싱리 쏭따오 꽁찌아오처잔

:: 시내로 가는 버스 있습니까?
Is there a bus going downtown?

有到市里的公交车吗?
yǒu dào shì lǐ de gōngjiāochē ma

여우 따오 스리더 꽁찌아오처마

콕 찍어 활용하기

A : 어느 정도 체류하십니까?
How long are you staying?
将滞留多长时间?
jiāng zhì liú duō cháng shí jiān 찌앙 쯔리우 뚜어창스지엔

B : 약 　　　　　　　입니다.
For 　　　　　　

大概 　　　　　　。
dà gài
따까이

이틀	5일	일주일	10일
two days	five days	a week	ten days
两天	五天	一个星期	十天
liǎngtiān	wǔtiān	yígèxīngqī	shítiān
량티엔	우티엔	이거씽치	스티엔

15일	20일	한 달	일 년
fifteen days	twenty days	a month	one year
十五天	二十天	一个月	一年
shíwǔtiān	èrshítiān	yígèyuè	yìnián
스우티엔	얼스티엔	이거위에	이니엔

콕 찍어 활용하기

A: 얼마나 바꾸시겠습니까?
How much do you want to exchange?
要换多少钱?
yào huàn duō shǎo qián 야오 환 뚜어샤오 치엔

B: 위엔이요.
Yuan.
元
yuán
위엔

달러요.
dollars.
美元
měi yuán
메이위엔

100
One hundred
一百
yì bǎi
이바이

200
Two hundred
两百
liǎng bǎi
량바이

500
five hundred
五百
wǔ bǎi
우바이

1000
one thousand
一千
yì qiān
이치엔

从明天起住三天。
您打算住几晚？
到火车站来接我吗？

숙박

여행 TIP

● ● 중국의 숙박시설은 饭店, 宾馆, 酒店, 旅馆, 旅店, 招待所 등이 있는데, 정책적으로 외국인이 사용할 수 있는 시설은 饭店, 宾馆, 酒店 등으로 제한되어 있다. 또한 중국의 호텔은 1성~5성까지 5등급 정도로 분류되는데, 최소한 2성급 이상의 호텔을 이용하는 것이 시설이나 보안면에서 안전하다. 입구에 도어맨이 있는 경우는 3성급 이상이며, 4성이나 5성의 고급호텔은 이용료가 보통 100달러 이상이다. 3성급 이상의 호텔은 이용료에 별도로 10~20%의 봉사료가 추가된다.

● ● 호텔예약은 본인이 직접 예약하는 것보다 여행사를 통해 예약을 하는 것이 저렴하다. 예약을 하지 못했을 경우에는 각 지방의 지도를 구입하여 지도에 기재되어 있는 호텔을 이용하면 된다. 지도에 기재되어 있는 호텔은 2성급 이상이다. 또한 이용 전에 먼저 여권을 제시하고 외국인이 묵을 수 있는 곳인지 물어보아야 한다.

● ● 호텔에 도착하면 먼저 프런트에서 체크인을 한다. 체크인 시간은 보통 오후 2시부터이며, 체크아웃은 낮 12시를 기준으로 한다. 일반적으로 조식을 제공하는 아메리칸 스타일이지만 그렇지 않은 경우도 있으므로 조식이 포함되어 있는지 확인하는 것이 좋다.

:: 호텔 예약할 때

:: 예약을 하고 싶은데요.
I'd like to make a reservation.

我想订个房间。
wǒ xiǎng dìng ge fáng jiān

워샹 띵거 팡지엔

:: 얼마나 묵으실 겁니까?
How long would you like to stay?

您打算住几晚?
nǐ dǎ suan zhù jǐ wǎn

닌 다쑤완 쭈 지완

:: 내일부터 3일 동안이요.
I am staying three days from tomorrow.

从明天起住三天。
cóng míng tiān qǐ zhù sān tiān

총밍티엔치 쭈싼티엔

:: 몇 분이십니까?
How many people are going to stay?

几位?
jǐ wèi

지웨이

숙박

숙박 75

호텔 예약할 때

:: 어떤 방이 좋겠습니까?
What type of room would you like?

你想要什么样的房间呢?
nǐ xiǎng yào shénmeyàng de fáng jiān ne

니 샹 야오 션머양더팡지엔너

:: 싱글룸을 원하십니까? 트윈룸을 원하십니까?
Would you like single room or twin room?

您要单人房还是双人房?
nín yào dānrénfáng hái shì shuāngrénfáng

닌야오 딴런팡 하이스 슈앙런팡

:: 트윈룸으로 부탁합니다.
A twin room, please.

我要一间双人房。
wǒ yào yì jiān shuāngrénfáng

워야오 이찌엔 슈앙런팡

:: 싱글룸으로 주세요.
A single room, please.

我要一间单人房。
wǒ yào yì jiān dānrénfáng

워야오 이찌엔 딴런팡

호텔 예약할 때

:: 1박에 얼마입니까?
How much is it per day?

一晚要多少钱?
yì wǎn yào duō shǎo qián

이완 야오 뚜어샤오치엔

:: 역까지 데리러 옵니까?
Could you pick me up at the station?

到火车站来接我吗?
dào huǒ chē zhàn lái jiē wǒ ma

따오 훠처잔 라이 지에워마

:: 그 호텔은 어디에 있습니까?
Where is the hotel located?

那家酒店在哪儿?
nà jiā jiǔ diàn zài nǎ r

나쨔 지우띠엔 짜이날

:: 그곳은 어떻게 찾아갑니까?
How can I get there?

我们该怎么到那儿?
wǒmen gāi zěn me dào nà r

워먼까이 전머 따오날

숙박

숙박 77

체크인할 때

:: 체크인 부탁합니다.
Check in, please.

我要登记住宿。
wǒ yào dēng jì zhù sù

워 야오 떵지 쭈수

:: 예약하셨습니까?
Did you have a reservation?

您预定房间了吗?
nín yù dìng fáng jiān le ma

닌 위띵 팡지엔러마

:: 예약했습니다.
I have a reservation.

是的。我预定了。
shì de wǒ yù dìng le

스더 워 위띵러

:: 인터넷으로 예약했습니다.
I made the reservation on the internet.

我在网上预订的。
wǒ zài wǎng shàng yù dìng de

워 짜이 왕상 위띵더

체크인할 때

:: 예약은 한국에서 했습니다.
I made my reservation from Korea.

在韩国预订了。
zài hán guó yù dìng le

짜이 한궈 위띵러

:: 성함을 알려 주십시오.
May I have your name?

请问您叫什么名字?
qǐng wèn nín jiào shén me míng zì

칭원 닌 찌아오 션머 밍쯔

:: 김대희라고 합니다.
I'm Kim Dae-hee.

我叫金大姬。
wǒ jiào jīn dà jī

워찌아오 찐따지

:: 숙박카드에 기입해 주십시오.
Please fill out this registration card.

请填写这张登记表好吗?
qǐng tiánxiě zhè zhāng dēng jì biǎo hǎo ma

칭티엔시에 쩌쟝 떵지뱌오 하오마

숙박 79

:: 체크인할 때

:: 방은 737호실입니다.
Your room number is seven three seven.

您的房间是七三七号。
nín de fáng jiān shì qī sān qī hào

닌더 팡지엔스 치싼치하오

:: 벨보이가 방으로 안내하겠습니다.
The bellboy will guide you to the room.

服务生将带您到您的房间。
fúwùshēng jiāng dài nín dào nín de fángjiān

푸우셩 찌앙 따이닌 따오닌더 팡지엔

:: 선불입니까, 후불입니까?
Do I pay now or later?

是先付款还是后付款?
shì xiān fù kuǎn hái shì hòu fù kuǎn

스 시엔푸콴 하이스 허우푸콴

:: 귀중품을 보관하고 싶은데요.
I'd like to deposit my valuables.

我想寄存贵重物品。
wǒ xiǎng jì cún guì zhòng wù pǐn

워 샹 지춘 꾸이종우핀

체크인 트러블

:: 예약번호를 가지고 계십니까?
Do you have your reservation number?

请问您有预定号吗?
qǐng wèn nín yǒu yù dìng hào ma

칭원 닌여우 위띵하오마

:: 확인증 여기 있습니다.
Here is my confirmation.

这是订房确认单。
zhè shì dìng fáng què rèn dān

쩌스 띵팡 취에런딴

:: 다시 한 번 확인해 주세요.
Would you please check again?

请再确认一下。
qǐng zài què rèn yíxià

칭짜이 취에런이샤

:: 방을 취소하지 않았습니다.
I didn't cancel the room.

我没有取消房间。
wǒ méi yǒu qǔ xiāo fángjiān

워 메이여우 취샤오팡지엔

숙박

예약을 하지 않았을 때

:: 예약하지 않았습니다.
I don't reserve a room.

我没有预订房间。
wǒ méi yǒu yù dìng fáng jiān

워 메이여우 위띵팡지엔

:: 빈 방 있습니까?
Do you have a room available?

请问有空房吗?
qǐng wèn yǒu kōng fáng ma

칭원 여우 콩팡마

:: 조용한 방을 부탁합니다.
I'd like a quiet room.

请给我个安静的房间。
qǐng gěi wǒ ge ān jìng de fáng jiān

칭게이워거 안징더팡지엔

:: 욕실이 있는 방으로 부탁합니다.
I'd like a room with a bath.

请给我个带浴室的房间。
qǐng gěi wǒ ge dài yù shì de fáng jiān

칭게이워거 따이 위스더팡지엔

:: 예약을 하지 않았을 때

:: 방을 볼 수 있을까요?

May I see the room?

我能先去看一下房间吗?
wǒ néng xiānqù kàn yíxià fángjiān ma

워 넝 시엔취 칸이샤 팡지엔마

:: 선불입니까?

Do you want me to pay in advance?

需要先付钱吗?
xū yào xiān fù qián ma

쉬야오 시엔푸치엔마

:: 더 좋은 방은 없습니까?

Haven't you something better?

有没有更好一点的房间?
yǒu méi yǒu gèng hǎo yì diǎn de fángjiān

여우메이여우 껑 하오이뎬더 팡지엔

:: 좀 더 싼 방은 없습니까?

Don't you have a cheaper one?

有没有更便宜的房间?
yǒu méi yǒu gèng piányi de fángjiān

여우메이여우 껑 피엔이더 팡지엔

숙박

예약을 하지 않았을 때

:: 이 방으로 하겠습니다.
I'll take this room.

就订这间了。
jiù dìng zhè jiān le

찌우띵 쩌지엔러

:: 아침식사 포함입니까?
Does the price include breakfast?

请问这个费用包括早餐吗?
qǐng wèn zhè ge fèiyòng bāo kuò zǎocān ma

칭원 쩌거페이용 바오쿼 자오찬마

:: 아침식사는 몇 시입니까?
What time is breakfast served?

早餐几点开始?
zǎocān jǐ diǎn kāi shǐ

자오찬 지디엔 카이스

:: 짐을 방까지 옮겨줄 수 있습니까?
Could you carry my luggage up to my room?

能帮我把行李搬到房间里吗?
néng bāng wǒ bǎ xíngli bān dào fángjiān lǐ ma

넝빵워 바싱리 반따오팡지엔리 마

룸서비스 요청할 때

:: 룸서비스를 부탁합니다.
Room service, please.

我要用房内就餐服务。
wǒ yào yòng fáng nèi jiù cān fú wù

워야오용 팡네이 찌우찬푸우

:: 여기는 737호실인데요.
This is room number 737.

这里是七三七号房间。
zhè lǐ shì qī sān qī hào fángjiān

쩌리스 치싼치하오 팡지엔

:: 샴페인 한 병 부탁합니다.
A bottle of champagne, please.

我想要一瓶香槟酒。
wǒ xiǎng yào yì píng xiāng bīn jiǔ

워샹야오 이핑샹빈지우

:: 컵 두 개만 가져다주세요.
Please take two cups to me.

请给我拿两个杯子。
qǐng gěi wǒ ná liǎng ge bēi zi

칭게이워 나 량거 뻬이즈

룸서비스 요청할 때

:: 빨리 좀 부탁합니다.
Hurry up, please.

请您尽快送上来。
qǐng nín jìn kuài sòng shàng lái

칭닌 진콰이 송샹라이

:: 모닝콜을 부탁합니다.
I'd like a wake-up call, please.

我想要求叫醒服务。
wǒ xiǎng yāo qiú jiào xǐng fú wù

워샹 야오치우 찌아오싱푸우

:: 몇 시에 해드릴까요?
What time, sir?

什么时间呢?
shén me shí jiān ne

션머스지엔너

:: 6시에 부탁합니다.
I'd like a wake-up call at 6 a.m.

请在六点叫我。
qǐng zài liù diǎn jiào wǒ

칭 짜이 리우디엔 찌아오워

서비스 시설 이용할 때

:: 팩스를 보내려고 합니다.
I'd like to fax some documents.

我想发传真。
wǒ xiǎng fā chuán zhēn

워샹 파 촨전

:: 비즈니스센터는 몇 층입니까?
Which floor is the Business Center on?

请问商务中心在几楼?
qǐng wèn shāng wù zhōng xīn zài jǐ lóu

칭원 샹우중신 짜이지러우

:: 3층에 있습니다.
On the third floor.

在三楼。
zài sān lóu

짜이 싼 러우

숙박

:: 식당은 어디에 있습니까?
Where is the dining room?

请问餐厅在哪儿?
qǐng wèn cān tīng zài nǎ r

칭원 찬팅 짜이날

숙박 87

서비스 시설 이용할 때

:: 몇 시까지 영업합니까?
How late are you open?

营业到什么时候?
yíng yè dào shén me shí hòu

잉에따오 션머스허우

:: 세탁 서비스는 있습니까?
Do you have a laundry service?

请问酒店有洗衣服务吗?
qǐng wèn jiǔ diàn yǒu xǐ yī fú wù ma

칭원 지우디엔여우 시이푸우마

:: 세탁을 좀 부탁합니다.
I have some laundry.

我有一些衣服需要洗。
wǒ yǒu yìxiē yīfu xū yào xǐ

워여우 이시에 이푸 쉬야오시

:: 이 양복을 드라이클리닝 해주시겠어요?
Could you dry-clean this suit, please?

请给我干洗这件西服?
qǐng gěi wǒ gān xǐ zhè jiàn xī fú

칭게이워 깐시 쩌지엔시푸

∷ 서비스 시설 이용할 때

:: 이 셔츠를 다림질해 주세요.
I'd like to have my shirt pressed.

请给我熨一下这件衬衫。
qǐng gěi wǒ yùn yíxià zhè jiàn chènshān

칭 게이원 이샤 쩌지엔천샨

:: 얼마나 시간이 걸립니까?
How long will it take?

需要多长时间?
xū yào duō cháng shí jiān

쉬야오 뚜어창스지엔

:: 한국으로 전화를 하고 싶습니다.
I want to call Korea.

我想往韩国打电话。
wǒ xiǎng wǎng hán guó dǎ diàn huà

워샹왕 한궈 다띠엔화

:: 방에서 직통으로 걸 수 있습니까?
Can I make a direct dial from my room?

可以在房间里直接打过去吗?
kěyǐ zài fángjiān lǐ zhí jiē dǎ guò qù ma

커이짜이팡지엔리 즈찌에다꿔취마

숙박

문제가 발생했을 때

:: 무슨 일이십니까?
What's the matter?

请问有什么事情?
qǐng wèn yǒu shén me shì qíng

칭원 여우 션머스칭

:: 수도꼭지가 고장 났습니다.
The faucet is broken.

水龙头出故障了。
shuǐ lóng tóu chū gù zhàng le

쉐이롱터우 추꾸장러

:: 더운 물이 나오지 않습니다.
Hot water doesn't come out.

水龙头里不出来热水。
shuǐ lóng tóu lǐ bù chū lái rè shuǐ

쉐이롱터우리 뿌추라이 르어쉐이

:: 에어컨이 작동되지 않습니다.
The air-conditioner doesn't work.

空调不转了。
kōng tiáo bú zhuàn le

쿵 탸오 뿌주완러

문제가 발생했을 때

:: TV화면이 안 나옵니다.
There's no picture on the screen.

电视不显示画面。
diàn shì bù xiǎn shì huà miàn

띠엔스뿌시엔쓰 화미엔

:: 새 타월을 받을 수 있을까요?
Can I get a new towel?

麻烦您帮我换一条毛巾?
máfan nín bāng wǒ huàn yì tiáo máo jīn

마판닌 빵워환이탸오 마오진

:: 방이 덥습니다.
This room is hot.

这房间有点热。
zhè fángjiān yǒu diǎn rè

쩌 팡지엔 요디얼 르어

:: 방 청소가 안 되어있습니다.
My room hasn't been cleaned.

房间打扫得不干净。
fángjiān dǎ sǎo de bù gān jìng

팡지엔 다사오더 뿌깐징

문제가 발생했을 때

:: 방을 바꿀 수 있을까요?
Could you change my room?

请给我换个房间?
qǐng gěi wǒ huàn ge fángjiān

칭게이워 환거팡지엔

:: 옆방이 시끄럽습니다.
The room next door is noisy.

隔壁太吵了。
gé bì tài chǎo le

거삐 타이차오러

:: 열쇠를 방에 두고 나왔습니다.
I left the key in my room.

我把钥匙落在房间里了。
wǒ bǎ yàoshi là zài fángjiān lǐ le

워바 야오스 라짜이팡지엔리러

:: 방 열쇠를 잃어버렸습니다.
I lost my room key.

我把房间钥匙弄丢了。
wǒ bǎ fángjiān yàoshi nòng diū le

워바 팡지엔야오스 눙띠우러

체크아웃할 때

:: 포터를 보내주세요.
A porter, please.

请派一名行李员过来。
qǐng pài yì míng xíngliyuán guò lái

칭파이 이밍 싱리위엔 꿔라이

:: 체크아웃 하겠습니다.
I'm checking out.

我要退房。
wǒ yào tuì fáng

워야오 투이팡

:: 계산을 부탁합니다.
Check, please.

请结帐。
qǐng jié zhàng

칭지에장

:: 제 룸키입니다.
Here's the key.

这是我的钥匙。
zhè shì wǒ de yàoshi

쩌스 워더 야오스

숙박

:: 체크아웃할 때

:: 하룻밤 더 묵고 싶은데요.
I'd like to stay one more night in my room.

我想再住一晚。
wǒ xiǎng zài zhù yì wǎn

워샹 짜이쭈이완

:: 하루 일찍 떠나고 싶은데요.
I want to leave a day earlier.

我想提前一天退房。
wǒ xiǎng tí qián yì tiān tuì fáng

워샹 티치엔이티엔 투이팡

:: 손님의 계산서입니다.
Here are your room charges.

这是您的账单。
zhè shì nín de zhàng dān

쩌스닌더 장딴

:: 이 요금은 무엇입니까?
What is this charge for?

这是什么费用?
zhè shì shén me fèi yòng

쩌스션머페이용

체크아웃할 때

:: 계산이 잘못된 것 같습니다.
I think this bill is incorrect.

这账好象算错了。
zhè zhàng hǎo xiàng suàn cuò le

쩌쨩 하오샹 수안츄어러

:: 신용카드도 됩니까?
Can you accept credit cards?

可以刷卡吗?
kě yǐ shuā kǎ ma

커이 슈아카마

:: 택시를 불러주시겠습니까?
Would you please call a taxi?

请帮我叫一辆出租车。
qǐng bāng wǒ jiào yí liàng chūzūchē

칭빵워 찌아오이량추주처

:: 방에 물건을 두고 왔습니다.
I left something in my room.

我把东西忘在房间里了。
wǒ bǎ dōngxi wàng zài fángjiān lǐ le

워바똥시 왕짜이 팡지엔리러

콕 찍어 활용하기

_____를(을) 주세요.

_____, please.

请给我 _____。
qǐng gěi wǒ
칭게이워

비누
soap

肥皂
féi zào
페이자오

샴푸
shampoo

洗发精
xǐ fà jīng
씨파찡

타월
towel

毛巾
máo jīn
마오진

드라이기
hair dryer

吹风机
chuī fēng jī
추이펑지

▢ 에 이상이 있는 것 같습니다.

▢ doesn't work.

▢ 出现故障了。
chū xiàn gù zhàng le
추시엔 꾸장러

에어컨 air-conditioner	텔레비전 TV	냉장고 refrigerator
空调 kōng tiáo 콩탸오	电视机 diàn shì jī 띠엔스지	冰箱 bīng xiāng 삥샹

전등 light	수도꼭지 faucet	열쇠 key
电灯 diàn dēng 띠엔덩	水龙头 shuǐ lóng tóu 쉐이롱터우	钥匙 yào shi 야오스

호텔에서 사용되는 단어

입구 入口 루커우
접수처 总服务台 종푸우타이
비상구 紧急出口 진지추커우
보관소 物品保管处 우핀바오관추
로비 大厅 다팅
별관 分馆 펀관
식당 餐厅 찬팅
커피숍 咖啡厅 카페이팅
지배인 经理 찡리
호텔 프론트 캐셔 收银员 쇼우인위엔
싱글룸 单人房 딴런팡
트윈룸 双人房 슈앙런팡
벨보이, 종업원 服务员 푸우위엔
룸서비스 客房服务 커팡푸우
모닝콜 叫醒服务 찌아오싱푸우
세탁서비스 洗衣服务 시이푸우
방해금지 请勿打扰 칭우다라오
관계자 외 출입금지 只准员工进入 즈준위엔공찐루
체크인 登记住宿 떵지 쭈수
체크아웃 退房 투이팡

我想简单地吃点东西。
需要预定吗?
我想预定今晚的座位。

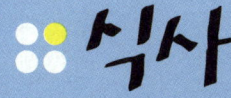

여행 TIP

●● 중국음식은 청요리(淸料理) 또는 중화요리라고도 한다. 중국은 오랜 세월을 두고 넓은 영토와 넓은 영해에서 다양한 산물과 풍부한 해산물을 얻을 수 있어, 이들 산해진품을 이용한 요리는 불로장수를 목표로 하여 오랜 기간의 경험을 토대로 꾸준히 다듬고 연구·개발하여 세계적인 요리로까지 발전하게 되었다. 영토가 넓어 지역적으로도 풍토·기후·산물·풍속·습관이 다른 만큼 각 지방마다 독특한 맛을 지니고 있다.

●● 베이징카오야(북경식 오리구이요리)와 슈안양러우(양고기 칭기즈칸 요리) 등으로 대표되는 베이징차이(北京菜), 진슈파이치(상어지느러미찜), 푸룽시에(게의 살을 단자로 만든 요리), 짜쯔찌(영계튀김)로 대표되는 광둥차이(广东菜), 마파두부, 깐샤오밍샤(새우와 고추를 볶은 것) 등 매콤하고 얼큰해서 한국인의 입맛에 잘 맞는 쓰촨차이(四川菜), 샤오핑(호떡과 같은 것. 속에는 다양한 재료가 들어간다), 유티아오 혹은 유핑(밀가루 반죽을 발효시킨 것을 기름에 튀긴 것) 등 주로 간식으로 많이 먹는 샤오츠가 있다. 비싼 돈을 지불하고 음식을 먹으면서 후회하지 않으려면 소스와 재료에 대한 정보는 사전에 알아두는 것이 좋다.

식당을 찾을 때

:: 가볍게 식사를 하고 싶은데요.
I'd like to have a light meal.

我想简单地吃点东西。
wǒ xiǎng jiǎn dān de chī diǎn dōng xi

워샹 지엔단더 츠디엔 똥시

:: 식당이 많은 곳은 어디입니까?
Where is the main area for restaurants?

哪儿有很多餐厅?
nǎ r yǒu hěn duō cān tīng

날 여우 헌뚜어 찬팅

:: 근처에 한국식당 있습니까?
Is there a Korean restaurant nearby?

这附近有韩国餐厅吗?
zhè fù jìn yǒu hán guó cān tīng ma

쩌푸찐 여우 한궈찬팅 마

:: 맛있는 식당을 알려주세요.
Please recommend a good restaurant for me.

请帮我介绍一些好吃的餐厅。
qǐng bāng wǒ jiè shào yì xiē hǎo chī de cān tīng

칭빵워 찌에샤오 이씨에 하오츠더 찬팅

식당을 찾을 때

:: 이곳에서 유명한 음식은 뭔가요?
What's the most famous food in this area?

这里什么菜比较有名?
zhè lǐ shén me cài bǐ jiào yǒu míng

쩌리 션머차이 비쨔오 여우밍

:: 이 지방의 명물요리를 먹고 싶습니다.
I want to eat the best local food.

我想吃这个地方的特色菜。
wǒ xiǎng chī zhè ge dì fāng de tè sè cài

워샹츠 쩌거 디팡더 터서차이

:: 싸고 맛있는 가게가 있나요?
Is there a cheap and good restaurant around here?

有没有既便宜又好吃的餐厅?
yǒu méi yǒu jì pián yi yòu hǎo chī de cān tīng

여우메이여우 찌 피엔이 여우 하오츠더 찬팅

:: 그곳은 어떻게 찾아갑니까?
How can I get there?

我该怎么去那里?
wǒ gāi zěn me qù nà lǐ

워 까이 전머취 나리

식당을 찾을 때

:: 걸어서 갈 수 있습니까?
Can I get there on foot?

可以走着去吗?
kě yǐ zǒu zhe qù ma

커이 저우저취마

:: 예약이 필요한 곳인가요?
Do we need a reservation?

需要预定吗?
xū yào yù dìng ma

쉬야오 위띵마

:: 그 식당을 예약해주세요.
Book the restaurant, please.

请帮我预定那家餐厅。
qǐng bāng wǒ yù dìng nà jiā cān tīng

칭빵워 위띵 나쨔찬팅

:: 그냥 오셔도 됩니다.
Just come in when you want.

直接来就可以了。
zhí jiē lái jiù kě yǐ le

즈찌에라이 찌우커이러

식사

식당을 예약할 때

:: 오늘밤 예약하고 싶습니다.
I'd like to make a reservation for tonight.

我想预定今晚的座位。
wǒ xiǎng yù dìng jīn wǎn de zuò wèi

워샹 위띵 찐완더쭤웨이

:: 일행은 몇 분이십니까?
How large is your party?

请问几位?
qǐng wèn jǐ wèi

칭원 지웨이

:: 7시에 4명입니다.
Four persons at 7 P.M.

四个人在七点到达。
sì gè rén zài qī diǎn dào dá

쓰거런 짜이치디엔 따오다

:: 금연석으로 부탁합니다.
We'd like a non-smoking table.

请给我预订一个在禁烟区的座位。
qǐng gěi wǒ yù dìng yí gè zài jìn yān qū de zuò wèi

칭 게이워 위띵 이거 짜이 찐옌취더 쭤웨이

자리 배정

:: 자리 있습니까?
Do you have a table?

有位子吗?
yǒu wèi zi ma

여우웨이즈마

:: 예약 하셨습니까?
Did you have a reservation?

请问您有预订吗?
qǐng wèn nín yǒu yù dìng ma

칭원 닌여우위띵마

:: 예약을 하지 않았습니다.
We don't make a reservation.

我没有预订。
wǒ méi yǒu yù dìng

워메이여우 위띵

:: 어느 정도 기다려야 합니까?
How long do we have to wait?

我们大概需要等多久?
wǒ men dà gài xū yào děng duō jiǔ

워먼 따까이쉬야오 덩뚜어지우

식사

식사 주문할 때

:: 메뉴를 보여 주세요.
May I see the menu, please?

请给我菜单。
qǐng gěi wǒ cài dān

칭게이워 차이딴

:: 주문하시겠습니까?
Are you ready to order?

您现在可以点菜吗?
nín xiàn zài kě yǐ diǎn cài ma

닌 씨엔짜이 커이 디엔차이마

:: 잠시 기다려 주십시오.
Please wait a moment.

请稍等。
qǐng shāo děng

칭샤오덩

:: 메뉴에 대해서 가르쳐주세요.
I can't read the menu, so please tell me what it says.

请给我介绍一下菜普。
qǐng gěi wǒ jiè shào yí xià cài pǔ

칭게이워 찌에샤오이샤 차이푸

식사 주문할 때

:: 주문받으시겠습니까?
Why don't you take the order?

> 我要点菜。
> wǒ yào diǎn cài
>
> 워야오 디엔차이

:: 저는 중국요리에 대해 잘 모릅니다.
I'm not familiar with Chinease food.

> 我不太熟悉中国菜。
> wǒ bú tài shú xī zhōng guó cài
>
> 워부타이슈시 쯍궈차이

:: 무엇을 권하시겠습니까?
What would you recommend?

> 有什么推荐的菜吗?
> yǒu shén me tuī jiàn de cài ma
>
> 여우선머 투이찌엔더 차이마

:: 뭐가 빨리 되나요?
What is the fastest meal I can eat?

> 什么菜上的最快?
> shén me cài shàng de zuì kuài
>
> 션머차이 샹더 쭈이콰이

식사 주문할 때

:: 오늘의 특별요리가 있습니까?
Do you have today's special?

餐厅有今日特餐吗?
cān tīng yǒu jīn rì tè cān ma

찬팅여우 찐르터찬마

:: 오늘의 추천요리는 동파육입니다.
Today's special is Dongpayuk, sir.

今天本店推荐东坡肉。
jīn tiān běn diàn tuī jiàn dōng pō ròu

찐티엔 번띠엔투이찌엔 둥풔러우

:: 이것은 무슨 요리입니까?
What kind of dish is this?

这是什么菜?
zhè shì shén me cài

쩌스 션머차이

:: 요리재료는 뭡니까?
What are the ingredients?

这道菜的原料是什么?
zhè dào cài de yuán liào shì shén me

쩌따오차이더 위엔랴오스 션머

식사 주문할 때

:: 이것으로 주세요.
Please give me this.

我要这个。
wǒ yào zhè gè

워야오쩌거

:: 같은 것으로 주세요.
I'll have the same.

请给我一样的。
qǐng gěi wǒ yí yàng de

칭게이워 이양더

:: 샹차이(고수)는 넣지 말아주세요.
Hold the coriander, please.

请不要放香菜。
qǐng bú yào fàng xiāng cài

칭부야오팡 샹차이

:: 주문한 요리가 아직 오지 않습니다.
My order hasn't come yet.

我点的菜还没上来。
wǒ diǎn de cài hái méi shàng lái

워디엔더차이 하이메이샹라이

식사할 때

:: 맵습니까?
Is this spicy?

辣吗?
là ma

라 마

:: 맛이 어떻습니까?
How does it taste?

味道怎么样?
wèi dào zěn me yàng

웨이따오 전머양

:: 정말 맛있네요.
This is delicious.

很好吃。
hěn hǎo chī

헌 하오츠

:: 이 고기는 무엇입니까?
What kind of meat is this?

这是什么肉?
zhè shì shén me ròu

쩌스 션머러우

식사할 때

:: 이건 어떻게 먹습니까?
How do I eat this?

这个要怎么吃?
zhè gè yào zěn me chī

쩌거야오 전머츠

:: 젓가락을 떨어뜨렸습니다.
I dropped my chopsticks.

我把筷子掉到地上了。
wǒ bǎ kuài zi diào dào dì shàng le

워바콰이즈 띠아오따오 띠샹러

:: 물 한 잔 주세요.
A glass of water, please.

请给我一杯水。
qǐng gěi wǒ yì bēi shuǐ

칭게이워 이뻬이 쉐이

:: 이걸 치워주시겠어요?
Could you please take this away?

请收拾一下这个吧。
qǐng shōu shi yí xià zhè gè ba

칭셔우스이샤 쩌거바

패스트푸드점에서

:: 근처에 맥도날드 있습니까?
Is there a Mcdonald around here?

这附近有麦当劳吗?
zhè fù jìn yǒu mài dāng láo ma

쩌푸찐여우 마이땅라오마

:: 어디서 주문합니까?
Where do I order?

在哪儿点餐?
zài nǎ r diǎn cān

짜이날 디옌찬

:: 딸기 아이스크림 하나 주세요.
A strawberry ice cream, please.

我要一个草莓冰淇淋。
wǒ yào yí gè cǎo méi bīng qí lín

워야오이거 차오메이삥치린

:: 콘으로 하시겠어요? 컵으로 하시겠어요?
Would you like it in corn or cup?

请问您要蛋卷筒还是纸杯冰淇淋?
qǐng wèn nín yào dàn juǎn tǒng háishì zhǐbēi bīng qí lín

칭원닌야오 딴쥘통 하이스 즈뻬이 삥치린

112 바로바로 통하는 여행중국어

패스트푸드점에서

:: 콘으로 주세요.
Cone, please.

我要蛋卷筒的。
wǒ yào dàn juǎn tǒng de

워야오 딴쥘통더

:: 햄버거하고 커피 주시겠어요?
Can I have a hamburger and a coffee, please?

我要一个汉堡包和一杯咖啡。
wǒ yào yí gè hàn bǎo bāo hé yì bēi kā fēi

워야오 이거한바오빠오 허 이뻬이카페이

:: A세트로 주세요.
I'll take the A set.

我要套餐A。
wǒ yào tào cān A

워야오 타오찬 에이

:: 여기에서 드실 건가요? 포장하실 건가요?
Here or to go?

在这儿吃还是打包?
zài zhè r chī hái shì dǎ bāo

짜이쩔츠 하이스다빠오

식사

패스트푸드점에서

:: 포장해 주세요.
To go, please.

请给我打包。
qǐng gěi wǒ dǎ bāo

칭게이워 다빠오

:: 여기에서 먹을 거예요.
I'll eat it here.

在这儿吃。
zài zhè r chī

짜이쩔츠

:: 콜라 부탁합니다.
Coke, please.

请给我一杯可乐。
qǐng gěi wǒ yì bēi kě lè

칭게이워 이뻬이커러

:: 얼음은 빼주세요.
I'd like no ice.

请不要加冰。
qǐng bú yào jiā bīng

칭부야오 찌아삥

패스트푸드점에서

:: 어느 사이즈로 하시겠습니까?
Which size would you like?

请问要大杯还是小杯？
qǐng wèn yào dà bēi hái shì xiǎo bēi

칭원야오따뻬이 하이스 샤오뻬이

:: L 사이즈로 주세요.
Large, please.

请给我大杯。
qǐng gěi wǒ dà bēi

칭게이워 따뻬이

:: 케첩을 주세요.
Please give me ketchup.

请给我蕃茄酱。
qǐng gěi wǒ fān qié jiàng

칭게이워 판치에지앙

:: 여기 앉아도 되겠습니까?
Can I seat here?

我可以坐这儿吗？
wǒ kě yǐ zuò zhè r ma

워커이 쭤쩔마

술집에서

:: 무슨 술을 마시겠습니까?
What's your poison?

您要喝什么酒?
nín yào hē shén me jiǔ

닌야오허 션머지우

:: 이과두주 한 병 주세요.
A bottle of Iguado, please.

给我一瓶二锅头吧。
gěi wǒ yì píng èr guō tóu ba

게이워 이핑 얼궈터우바

:: 어떤 술입니까?
What kind of alcohol is this?

这是什么酒呢?
zhè shì shén me jiǔ ne

쩌스 션머지우너

:: 이 지방의 특유의 술입니까?
Is it a local alcohol?

是这地方的特色酒吗?
shì zhè dì fāng de tè sè jiǔ ma

스 쩌디팡더 터서지우마

술집에서

:: 이 술은 너무 독하군요.
This is too strong.

> 这酒的度数太高了。
> zhè jiǔ de dù shù tài gāo le

쩌지우더뚜슈 타이 까오러

:: 가벼운 술이 좋겠습니다.
I'd like a light alcohol.

> 我想要度数低一点的。
> wǒ xiǎng yào dù shù dī yì diǎn de

워샹야오 뚜슈 띠이디엔더

:: 어떤 술이 있습니까?
What kind of drinks do you have?

> 有什么酒?
> yǒu shén me jiǔ

여우션머지우

:: 생맥주 있습니까?
Do you have draft beer?

> 有生啤吗?
> yǒu shēng pí ma

여우성피마

식사

술집에서

:: 글라스로 주문됩니까?
Can I order it by the glass?

可以点一杯酒吗?
kě yǐ diǎn yì bēi jiǔ ma

커이디엔 이뻬이지우마

:: 한 잔 더 주시겠어요?
Can I have another glass?

请再给我一杯。
qǐng zài gěi wǒ yì bēi

칭짜이게이워 이뻬이

:: 한 병 더 주세요.
Another one for me, please.

请再来一瓶。
qǐng zài lái yì píng

칭짜이라이 이핑

:: 건배!
Cheers!

干杯!
gān bēi

깐뻬이

계산할 때

:: 계산을 부탁합니다.
Check, please.

请给我结账。
qǐng gěi wǒ jié zhàng

칭게이워지에장

:: 따로따로 지불하고 싶은데요.
Make out separate check, please.

我们要分开算。
wǒmen yào fēn kāi suàn

워먼야오 펀카이수완

:: 제 몫은 얼마입니까?
How much is my share?

我的那份是多少钱?
wǒ de nà fèn shì duō shǎo qián

워더나펀스 뚜어샤오치엔

:: 제가 모두 내겠습니다
I'll take care of the bill.

我请客，我付钱。
wǒ qǐng kè   wǒ fù qián

워칭커 워푸치엔

찍어 활용하기

▢▢▢▢▢ 를(을) 주세요.

▢▢▢▢▢ , please.

请给我 ▢▢▢▢▢ 。
qǐng gěi wǒ
칭게이워

햄버거 hamburger	핫도그 hot dog	피자 pizza	샌드위치 sandwich
汉堡包 hàn bǎo bāo 한바오빠오	热狗 rè gǒu 러거우	比萨饼 bǐ sà bǐng 비싸빙	三明治 sān míng zhì 산밍즈

고량주 Koaliangju	이과두주 Iguadoju	와인 wine	맥주 beer
高粱酒 gāo liáng jiǔ 까오량지우	二锅头 èr guō tóu 얼궈터우	葡萄酒 pú táo jiǔ 푸타오지우	啤酒 pí jiǔ 피지우

这是什么地方?
　　这附近有地铁站吗?
在那儿往右拐。

여행 TIP

●● 중국의 시내버스는 승차 후 차장에게 행선지를 말하고 지불하면 차표를 준다. 각 정류장마다 노선별 행선지와 현 위치를 알 수 있는 표지판이 있으므로 별 어려움 없이 이용할 수 있다. 중국은 외국인 여행자들이 갈 수 있는 개방도시(약 1,000여 개) 이외에 여행증이 필요하거나 아예 출입을 금하는 도시도 있으므로 반드시 사전에 확인을 하도록 한다.

●● 중국에서 택시를 탈 때는 현지사람에게 미리 목적지까지 대략 얼마정도 나오는지 사전에 확인하는 것이 좋다. 신분증명서가 없는 택시는 타지 않도록 한다. 또한 역이나 터미널 근처에 정차되어 있는 택시도 타지 않는 것이 좋다. 가능한 한 호텔 앞에서 이용하는 것이 가장 안전하다.

길을 물을 때

교통

:: 실례합니다.
Excuse me.

打扰一下。
dǎ rǎo yí xià

다라오이샤

:: 말씀 좀 여쭙겠습니다.
I'd like to ask you a question.

请问一下。
qǐng wèn yí xià

칭원이샤

:: 여기는 어디입니까?
Where are we now?

这是什么地方?
zhè shì shén me dì fāng

쩌스 션머디팡

:: 여기는 무슨 거리입니까?
What street is this?

这是什么街呢?
zhè shì shén me jiē ne

쩌스 션머찌에너

길을 물을 때

:: 길을 잃었습니다.
I got lost on my way.

我好像迷路了。
wǒ hǎo xiàng mí lù le

워하오샹 미루러

:: 박물관은 어떻게 갑니까?
How can I get to the museum?

博物馆怎么走?
bó wù guǎn zěn me zǒu

보우관 전머저우

:: 이 길이 아닙니까?
Am I on the wrong street?

不是这条路吗?
bú shì zhè tiáo lù ma

부스 쩌탸오루 마

:: 곧장 가십시오.
Go straight.

一直往前走。
yì zhí wǎng qián zǒu

이즈왕치엔 저우

길을 물을 때

:: 저기서 오른쪽으로 도세요.
Turn right there.

在那儿往右拐。
zài nà r wǎng yòu guǎi

짜이날 왕여우과이

:: 여기서 가깝습니까?
Is it not far away from here?

离这儿不远吗?
lí zhè r bù yuǎn ma

리쩔 뿌위엔마

:: 걸어서 갈 수 있습니까?
Can I walk there?

可以走过去吗?
kě yǐ zǒu guò qù ma

커이저우꿔취마

:: 걸어서 어느 정도 걸립니까?
How long does it take on foot?

需要走多长时间?
xū yào zǒu duō cháng shí jiān

쉬야오저우 뚜어창스지엔

버스를 이용할 때

:: 버스정류장은 어디입니까?
Where is the bus stop?

公共汽车站在哪儿?
gōng gòng qì chē zhàn zài nǎ r

꽁공치처잔 짜이날

:: 길을 건너면 바로 정류장입니다.
It's across the street.

过马路就是公共汽车站。
guò mǎ lù jiù shì gōng gòng qì chē zhàn

꿔마루 찌우스 꽁공치처잔

:: 자죽원 공원에 가려면 몇 번 버스를 타야 합니까?
Which bus goes to the Zizhuyuan?

去紫竹院公园要坐几路车?
qù zǐ zhú yuàn gōng yuán yào zuò jǐ lù chē

취즈주웬꽁위엔 야오쭤 지루처

:: 7번 버스를 타십시오.
Take the Number 7 bus.

坐七路车吧。
zuò qī lù chē ba

쭤 치루처바

버스를 이용할 때

:: 다음 버스는 몇 시에 출발합니까?
What time does the next bus leave?

下一班车几点出发?
xià yì bān chē jǐ diǎn chū fā

샤이반처 지디엔 추파

:: 표는 어디에서 살 수 있습니까?
Where can I buy a ticket?

在哪儿买票呢?
zài nǎ r mǎi piào ne

짜이날 마이퍄오너

:: 매표소는 어디입니까?
Where is the ticket office?

售票处在哪儿?
shòu piào chù zài nǎ r

셔우퍄오추 짜이날

:: 요금은 얼마입니까?
How much is the fare?

车费是多少?
chē fèi shì duō shǎo

처페이스 뚜어샤오

버스를 이용할 때

:: 상해까지 두 장 주세요.
Two for Shanghai, please.

请给我两张到上海的票。
qǐng gěi wǒ liǎng zhāng dào shàng hǎi de piào

칭게이워량장 따오상하이더파오

:: 이 버스 천안문 갑니까?
Is this for Tiananmen?

这车去天安门吗?
zhè chē qù tiān ān mén ma

쩌처취 티엔안먼 마

:: 네, 갑니다. 어서 타세요.
Sure. Get in, please.

到, 上车吧。
dào shàng chē ba

따오 샹처바

:: 와이탄까지 몇 정거장 남았습니까?
How many more stops before we reach Waitan?

到外滩还有几站?
dào wài tān hái yǒu jǐ zhàn

따오와이탄 하이여우지짠

⁛ 버스를 이용할 때

:: 도착하면 알려주세요.
Tell me when we arrive there.

到那儿时请您告诉我一声好吗?
dào nà r shí qǐng nín gào su wǒ yì shēng hǎo ma

따오날스 칭닌까오수워이성 하오마

:: 좀 비켜주세요.
Excuse me.

请让一让。
qǐng ràng yí ràng

칭랑이랑

:: 내립니다.
Let me get off here.

我要下车。
wǒ yào xià chē

워야오 샤처

:: 다섯 정거장 남았습니다.
There are only five stops left.

还有五站地。
hái yǒu wǔ zhàn dì

하이여우 우짠띠

지하철을 이용할 때

:: 이 근처에 지하철역이 있습니까?
Is there a subway station close by?

这附近有地铁站吗?
zhè fù jìn yǒu dì tiě zhàn ma

쩌푸찐여우 디티에짠마

:: 지하철 노선도를 주시겠어요?
May I have a subway map?

请给我一份地铁路线图好吗?
qǐng gěi wǒ yí fèn dì tiě lù xiàn tú hǎo ma

칭게이워 이펀 디티에루시엔투 하오마

:: 자동매표기는 어디에 있습니까?
Where is the ticket machine?

自动售票机在哪里?
zì dòng shòu piào jī zài nǎ li

쯔뚱셔우퍄오지 짜이나리

:: 옹화궁역까지 얼마인가요?
How much is the fare to Yonghegong?

到雍和宫站需要多少钱?
dào yōng hé gōng zhàn xū yào duō shǎo qián

따오용허꿍짠쉬야오 뚜어샤오치엔

지하철을 이용할 때

:: 어디서 갈아탑니까?
Where should I change?

我在哪儿换车?
wǒ zài nǎ r huàn chē

워짜이날 환처

:: 광장의 출구는 어디입니까?
Where is the exit for the Square?

请问广场的出口在哪里?
qǐng wèn guǎng chǎng de chū kǒu zài nǎ li

칭원 광창더추커우 짜이나리

:: 베이징 역은 몇 번째입니까?
How many stops are there to Beijing station?

到北京站还有几站?
dào běi jīng zhàn hái yǒu jǐ zhàn

따오베이징짠 하이여우지짠

:: 다음은 어디입니까?
What's the name of the next station?

下一站是哪里?
xià yí zhàn shì nǎ li

샤이짠스 나리

기차를 이용할 때

:: 실례지만 기차역이 어디입니까?
Excuse me, where is the train station?

请问, 火车站在哪儿?
qǐng wèn huǒ chē zhàn zài nǎ r

칭원 훠처짠짜이날

:: 예매 매표소가 어디입니까?
Where's the ticket window?

售票处在哪儿?
shòu piào chù zài nǎ r

셔우퍄오추 짜이날

:: 항주까지 편도 주십시오.
Give me a one-way ticket to Hangzhou, please.

给我一张到杭州的单程票。
gěi wǒ yì zhāng dào háng zhōu de dān chéng piào

게이워이장 따오항저우더 딴청퍄오

:: 1등석으로 주세요.
First class, please.

请给我头等座。
qǐng gěi wǒ tóu děng zuò

칭게이워 터우덩쭤

기차를 이용할 때

:: 부드러운 좌석이요? 아니면 딱딱한 좌석이요?
Would you like a soft or a hard seat?

您要软座还是硬座？
nín yào ruǎn zuò hái shì yìng zuò

닌야오 롼쭤 하이스잉쭤

:: 딱딱한 좌석이요.
A hard seat.

我要硬座。
wǒ yào yìng zuò

워야오잉쭤

:: 급행으로 부탁합니다.
I'm going to travel by express.

给我一张快车票。
gěi wǒ yì zhāng kuài chē piào

게이워이장 콰이처퍄오

:: 더 이른 열차 있습니까?
Is there an earlier train?

有没有早一点的火车?
yǒu méi yǒu zǎo yì diǎn de huǒ chē

여우메이여우 자오이디엔더 훠처

기차를 이용할 때

:: 시각표를 볼 수 있을까요?
May I see a timetable?

我可以看一下列车时刻表吗?
wǒ kě yǐ kàn yí xià liè chē shí kè biǎo ma

워커이칸이샤 리에처 스커비야오마

:: 저기에 게시되어 있습니다.
It is posted over there.

那上面有。
nà shàng miàn yǒu

나샹미엔 여우

:: 몇 번 플랫폼에서 승차합니까?
Which platform does this train depart from?

我应该在几号站台上车?
wǒ yīng gāi zài jǐ hào zhàn tái shàng chē

워잉까이 짜이지하오짠타이 샹처

:: 3번 플랫폼이요.
On track No. 3.

三号站台。
sān hào zhàn tái

싼하오짠타이

기차를 이용할 때

:: 이거 항주행입니까?
Is this for Hangzhou?

这是到杭州的火车吗?
zhè shì dào háng zhōu de huǒ chē ma

쩌스따오 항저우더훠처마

:: 식당차가 있습니까?
Is there a dining car on train?

有餐饮车吗?
yǒu cān yǐn chē ma

여우 찬인처마

:: 침대차가 어느 차입니까?
Where's the sleeper?

卧铺车厢在哪儿?
wò pù chē xiāng zài nǎ r

워푸처샹 짜이날

:: 항주까지 몇 시간 걸립니까?
How long does it take to Hangzhou?

到杭州需要几个小时?
dào háng zhōu xū yào jǐ gè xiǎo shí

따오항저우 쉬야오 지거 샤오스

기차를 이용할 때

:: 두 시간 정도 걸립니다.
It'll take about two hours.

两个小时左右。
liǎng gè xiǎo shí zuǒ yòu

량거샤오스쭤여우

:: 표를 보여주십시오.
May I see your ticket?

请出示一下您的火车票。
qǐng chū shì yí xià nín de huǒ chē piào

칭추스이샤 닌더훠처퍄오

:: 여기 표 있습니다.
Here it is.

这就是我的票。
zhè jiù shì wǒ de piào

쩌찌우스 워더퍄오

:: 표를 잃어버렸습니다.
I lost my ticket.

我把票弄丢了。
wǒ bǎ piào nòng diū le

워바퍄오 눙띠우러

택시를 이용할 때

:: 택시 한 대 불러주세요.
Call a taxi, please.

请帮我叫一辆出租车。
qǐng bāng wǒ jiào yí liàng chū zū chē

칭빵워찌아오 이량 추주처

:: 어디까지 가십니까?
How far are you going?

您要到哪里去?
nín yào dào nǎ li qù

닌야오 따오나리취

:: 북경호텔까지 부탁드립니다.
Beijing hotel, please.

请送我到北京酒店。
qǐng sòng wǒ dào běi jīng jiǔ diàn

칭쏭워 따오베이징지우띠엔

:: 이 주소로 가주십시오.
Take me to this address, please.

请带我到这个地址。
qǐng dài wǒ dào zhè gè dì zhǐ

칭따이워 따오 쩌거띠즈

교통 137

❖ 택시를 이용할 때

:: 트렁크를 열어주시겠어요?
Would you open the trunk?

打开一下后备箱好吗?
dǎ kāi yí xià hòu bèi xiāng hǎo ma

다카이이샤 허우뻬이샹 하오마

:: 서둘러 주세요.
Hurry, please.

请您快一点。
qǐng nín kuài yì diǎn

칭닌 콰이이디엔

:: 가장 가까운 길로 가 주세요.
Please go the shortest way.

请走最近的路。
qǐng zǒu zuì jìn de lù

칭저우 쭈이찐더 루

:: 여기에서 세워주세요.
Stop here, please.

请在这里停车。
qǐng zài zhè lǐ tíng chē

칭짜이쩌리 팅처

택시를 이용할 때

:: 다음 신호에 세워주세요.
Please stop at the next light.

请在下一个信号灯那儿停车。
qǐng zài xià yí gè xìn hào dēng nà r tíng chē

칭짜이 샤이거신하오덩 날 팅처

:: 얼마입니까?
How much is it?

多少钱?
duō shǎo qián

뚜어샤오치엔

:: 미터기와 요금이 다르네요.
The fare you're asking is higher than the meter.

车费跟计程表不一致。
chē fèi gēn jì chéng biǎo bù yí zhì

처페이 껀 찌청비야오 뿌이즈

:: 거스름돈은 됐습니다.
Please keep the change.

不用找零了。
búyòng zhǎo líng le

부용 쟈오링러

비행기를 이용할 때

:: 비행기 예약을 부탁합니다.
I'd like to reserve a flight.

我想定飞机票。
wǒ xiǎng dìng fēi jī piào

워샹띵 페이지퍄오

:: 내일 북경행 비행기 있습니까?
Do you have a flight to Beijing?

明天有去北京的飞机吗?
míng tiān yǒu qù běi jīng de fēi jī ma

밍티엔여우 취베이징더페이지 마

:: 일찍 가는 비행기로 부탁합니다.
I'd like an earlier fight.

请帮我定最早的航班。
qǐng bāng wǒ dìng zuì zǎo de háng bān

칭빵워띵 쭈이자오더 항반

:: 보통석으로 하겠습니다.
Economy, please.

我想要经济舱的票。
wǒ xiǎng yào jīng jì cāng de piào

워샹야오 징지창더퍄오

✤ 비행기를 이용할 때

교통

:: 죄송하지만 만석입니다.
I'm sorry. We're all booked up.

对不起，班机都已经全满了。
duì bu qǐ bān jī dōu yǐ jīng quán mǎn le

뚜이부치 반지떠우이찡 취안만러

:: 예약을 재확인하고 싶은데요.
I'd like to reconfirm my flight.

我想再确认一下航班。
wǒ xiǎng zài què rèn yí xià háng bān

워샹짜이 취에런이샤 항반

:: 성함과 편명을 말해주시겠어요?
What's your name and flight number?

请告诉我您的姓名和航班号。
qǐng gào su wǒ nín de xìng míng hé háng bān hào

칭까오수워 닌더씽밍 허항반하오

:: 민항 탑승수속은 어디에서 합니까?
Where do I check in?

在哪儿办理民航的登机手续?
zài nǎ r bàn lǐ mín háng de dēng jī shǒu xù

짜이날빤리 민항더 떵지셔우쉬

비행기를 이용할 때

:: 창가자리로 주십시오.
Please give me a window seat.

我要一个靠窗的座位。
wǒ yào yí gè kào chuāng de zuò wèi

워야오이거 카오추앙더 쮜웨이

:: 이 짐을 맡길게요.
I'll check this baggage.

这行李我要托运。
zhè xíng li wǒ yào tuō yùn

쩌싱리 워야오투어윈

:: 이 짐은 기내로 가지고들어갈 수 있나요?
Can I take this bag on the plane?

我能带这个包登机吗?
wǒ néng dài zhè gè bāo dēng jī ma

워넝따이 쩌거빠오 떵지마

:: 몇 번 게이트로 탑승합니까?
What gate is boarding?

我该在几号登机口登机?
wǒ gāi zài jǐ hào dēng jī kǒu dēng jī

워까이 짜이지하오떵지커우 떵지

❖ 렌터카를 이용할 때

:: 차를 빌리고 싶습니다.
I'd like to rent a car.

我想租辆车。
wǒ xiǎng zū liàng chē

워샹쭈량처

:: 어떤 차가 있습니까?
What kind of cars do you have?

都有什么车?
dōu yǒu shén me chē

떠우여유 션머처

:: 소형차를 부탁합니다.
I'm looking for a small car.

我想租一辆小型车。
wǒ xiǎng zū yí liàng xiǎo xíng chē

워샹쭈 이량샤오씽처

:: 1주간 요금은 얼마입니까?
How much is the fare per week?

租一周需要多少钱?
zū yì zhōu xū yào duō shǎo qián

쭈이쩌우 쉬야오 뚜어샤오치엔

렌터카를 이용할 때

:: 선불이 필요합니까?
Do you want me to pay in advance?

要先付款吗?
yào xiān fù kuǎn ma

야오 시엔푸콴 마

:: 보증금은 얼마입니까?
How much is the deposit?

押金是多少?
yā jīn shì duō shǎo

야진스 뚜어샤오

:: 그 요금에 보험은 포함되어 있습니까?
Does the price include insurance?

这费用里面包括保险费吗?
zhè fèi yòng lī miàn bāo kuò bǎo xiǎn fèi ma

쩌페이용리 바오쿼 바오시엔페이 마

:: 도로 지도를 주시겠어요?
May I have a road map?

请给我一张公路路线图?
qǐng gěi wǒ yì zhāng gōng lù lù xiàn tú

칭게이워이장 꽁루루시엔투

주유소에서

:: 근처에 주유소가 있습니까?
Is there a gas station around here?

附近有加油站吗?
fù jìn yǒu jiā yóu zhàn ma

푸찐여우 쨔여우짠마

:: 가득 넣어 주세요.
Fill it up, please.

请加满汽油。
qǐng jiā mǎn qì yóu

칭찌아만 치여우

:: 선불입니까, 후불입니까?
Do I pay now or later?

先付款还是后付款?
xiān fù kuǎn hái shì hòu fù kuǎn

시엔푸콴 하이스 허우푸콴

:: 여기에 주차할 수 있습니까?
Can I park here?

在这里可以停车吗?
zài zhè lǐ kě yǐ tíng chē ma

짜이쩌리 커이팅처마

 찍어 활용하기

가는 부드러운 좌석표 한 장 주세요.

I'd like to a soft seat to .

请给我一张去 的软座票。
qǐng gěi wǒ yì zhāng qù　　　　　　de ruǎn zuò piào
칭게이워 이장취　　　　　　더롼쮀퍄오

가는 부드러운 침대칸 한 장 주세요.

I'd like to a soft sleeper to .

请给我一张去 的软卧票。
qǐng gěi wǒ yì zhāng qù　　　　　　de ruǎn wò piào
칭게이워 이장취　　　　　　더롼워퍄오

내일 행 비행기 있습니까?

Do you have a flight to ?

明天有去 的飞机吗?
míng tiān yǒu qù　　　　　　de fēi jī ma
밍티엔여우　　　　　　더페이지마

북경 Beijing	상해 Shanghai
北京 běi jīng 베이징	上海 shàng hǎi 샹하이

천진 Tianjin	광주 Guangzhou
天津 tiān jīn 톈진	广州 guǎng zhōu 광저우

항주 Hangzhou	곤명 Kunming
杭州 háng zhōu 항저우	昆明 kūn míng 쿤밍

교통 관련 단어

자동차 汽车 치처
자전거 自行车 쯔싱처
오토바이 摩托车 모퉈처
버스 公共汽车 꽁공치처
지하철 地铁 디티에
택시 出租车 추주처
기차 火车 훠처
비행기 飞机 페이지
매표소 售票处 사우퍄오추
정류장 车站 처짠
환승 换乘 환청
통행금지 禁止通行 진즈통씽
일방통행 单行线 딴싱시엔
주차장 停车场 팅처창
주차금지 禁止停车 찐즈팅처

观光咨询处在哪儿?
在哪儿出发?
您知道哪儿景色比较好吗?

여행 TIP

●● 중국에서 비개방 지역을 여행하려면 반드시 공안기관에 여행증명서를 신청·발급받아야 한다. 또한 사진촬영이 금지된 구역에서는 절대로 사진촬영을 해서는 안 된다. 특히 사찰·유적지·박물관 등에서는 유물의 보호차원에서 촬영을 금지하고 있다.

●● 새로운 도시에 도착하면 가장 먼저 그 도시의 지도를 구한다. 대개 역전의 노점상이나 번화한 도시의 상점 등지에서 지도를 판매한다. 일반적으로 중국 각지의 대형 호텔은 현지 관광을 알선하는 여행업무도 대행하고 있으므로 호텔의 프런트에서 여행일정을 문의하고 예약을 하면 된다. 기차표나 비행기표 예매 역시 약간의 수수료를 지불하면 대행 서비스를 받을 수 있다. 박물관이나 미술관을 방문할 예정이라면 개관시간과 휴무여부를 사전에 점검하는 것도 잊지 말아야 한다.

●● 수많은 관광지를 다 둘러보려면 시간이나 입장료가 만만치 않으므로 자신의 여행목적에 맞게 계획을 잘 세워 선별하는 것이 중요하다. 또한 관내에 입장할 때에만 입장료를 받는 곳도 있고 주변 경관을 감상하는 것만으로도 훌륭한 관광이 되는 경우도 있으므로 꼭 필요한 입장권만 구입하도록 하자. 또한 대부분 관내에서는 사진촬영이 금지되어 있으므로 주의해야 한다.

관광 안내소에서

:: 관광 안내소는 어디에 있습니까?
Where is the tourist information center?

观光咨询处在哪儿?
guān guāng zī xún chù zài nǎ r

관구앙쯔쉰추 짜이날

:: 시내지도 한 장 주시겠어요?
Can I have a city map?

请给我张城市地图?
qǐng gěi wǒ zhāng chéng shì dì tú

칭게이워장 청스디투

:: 한국어 팸플릿 있습니까?
Do you have a Korean language brochure?

有韩文小手册吗?
yǒu hán wén xiǎo shǒu cè ma

여우한원샤오셔우처마

:: 시내 1일 관광에 참여하고 싶은데요.
I'd like a full-day tour of the city.

我想参加市内一日游。
wǒ xiǎng cān jiā shì nèi yí rì yóu

워샹찬지아 스네이이르여우

관광 안내소에서

:: 관광할 만한 곳을 가르쳐 주시겠어요?
Could you recommend some interesting places?

你能给我推荐一些景点吗?
nǐ néng gěi wǒ tuī jiàn yì xiē jǐng diǎn ma

니넝게이워 투이지엔 이시에징디엔마

:: 경치가 좋은 곳을 아십니까?
Do you know a place with a nice view?

您知道哪儿景色比较好吗?
nín zhī dào nǎ r jǐng sè bǐ jiào hǎo ma

닌즈따오날 징서비쨔오하오마

:: 투어에 참가하시겠습니까?
Are you interested in a tour?

您想参加旅游团吗?
nín xiǎng cān jiā lǚ yóu tuán ma

닌샹찬지아 뤼여우투안마

:: 여기서 표를 살 수 있습니까?
Can I buy a ticket here?

在这里可以买票吗?
zài zhè lǐ kě yǐ mǎi piào ma

짜이쩌리 커이마이퍄오마

관광 안내소에서

:: 출발은 어디에서 하나요?
Where does it depart from?

在哪儿出发?
zài nǎ r chū fā

짜이날 추파

:: 몇 시에 출발하나요?
What time does it leave?

请问几点出发?
qǐng wèn jǐ diǎn chū fā

칭원 지디엔추파

:: 한국어 가이드가 있습니까?
Are there any Korean-speaking guides?

有会说韩语的导游吗?
yǒu huì shuō hán yǔ de dǎo yóu ma

여우 훼이슈어한위더 다오여우마

:: 야간관광은 있습니까?
Do you have a night tour?

有晚间观光吗?
yǒu wǎn jiān guān guāng ma

여우완지엔 관구앙마

자전거를 빌릴 때

:: 어디서 자전거를 빌릴 수 있습니까?
Where can I rent a bicycle?

在哪儿可以租自行车?
zài nǎ r kě yǐ zū zì xíng chē

짜이날커이 쭈쯔싱처

:: 자전거를 빌리고 싶습니다.
I'd like to rent a bicycle.

我想租自行车。
wǒ xiǎng zū zì xíng chē

워샹쭈쯔싱처

:: 1시간 요금은 얼마입니까?
What's the charge an hour?

租一个小时需要多少钱?
zū yí gè xiǎo shí xū yào duō shǎo qián

쭈이거샤오스 쉬야오뚜어샤오치엔

:: 보증금은 얼마입니까?
How much is the deposit?

押金是多少?
yā yīn shì duō shǎo

야진스 뚜어샤오

∷ 표를 구입할 때

∷ 표는 어디에서 삽니까?
Where can I buy a ticket?

在哪儿买票?
zài nǎ r mǎi piào

짜이날 마이퍄오

∷ 입장료는 얼마입니까?
How much is the admission?

门票是多少?
mén piào shì duō shǎo

먼퍄오스 뚜어샤오

∷ 어른 두 장 주세요.
I'll take two adult tickets, please.

请给我两张成人票。
qǐng gěi wǒ liǎng zhāng chéng rén piào

칭게이워 량장청런퍄오

∷ 무료 팸플릿은 있습니까?
Do you have a free brochure?

有免费的小手册吗?
yǒu miǎn fèi de xiǎo shǒu cè ma

여우미엔페이더 샤오셔우처마

관람할 때

:: 저것은 무엇입니까?
What's that?

那是什么?
nà shì shén me

나스 션머

:: 저건 무슨 산입니까?
What is the name of that mountain?

那是什么山?
nà shì shén me shān

나스 션머샨

:: 저 건축물은 무엇입니까?
What's that building?

那是什么建筑物?
nà shì shén me jiàn zhù wù

나스션머 찌엔쭈우

:: 언제 세워졌습니까?
When was it built?

什么时候建的?
shén me shí hòu jiàn de

션머스허우 찌엔더

관람할 때

:: 내부를 견학할 수 있습니까?
Can I take a look inside?

我可以参观内部吗?
wǒ kě yǐ cān guān nèi bù ma

워커이찬관 네이부마

:: 휴게실은 어디입니까?
Where's the lounge?

休息室在哪儿?
xiū xi shì zài nǎ r

씨우시쓰 짜이날

:: 화장실은 어디입니까?
Where's the rest room?

洗手间在哪儿?
xǐ shǒu jiān zài nǎ r

시셔우지엔 짜이날

:: 매점은 어디입니까?
Where's the stall?

小卖部在哪儿?
xiǎo mài bù zài nǎ r

샤오마이부 짜이날

사진을 찍을 때

:: 이곳에서 사진을 찍어도 됩니까?
May I take pictures here?

这里可以拍照吗?
zhè lǐ kě yǐ pāi zhào ma

쩌리커이 파이자오마

:: 안에서 사진을 찍어도 됩니까?
May I take pictures inside?

在里面可以拍照吗?
zài lǐ miàn kě yǐ pāi zhào ma

짜이리미엔 커이파이자오마

:: 여기서 플래시를 터뜨려도 됩니까?
May I use a flash here?

在这里可以开闪光灯吗?
zài zhè lǐ kě yǐ kāi shǎn guāng dēng ma

짜이쩌리 커이카이샨꾸앙덩마

:: 저랑 같이 사진 찍으시겠습니까?
Would you take a picture with me?

可以跟我照张相吗?
kě yǐ gēn wǒ zhào zhāng xiàng ma

커이 껀워자오장샹마

∷ 사진을 찍을 때

∷ 실례지만, 사진 좀 찍어주시겠습니까?
Excuse me. Will you take a picture of me?

麻烦您，请帮我拍张照好吗?
máfan nín qǐng bāng wǒ pāi zhāng zhào hǎo ma

마판닌 칭빵워파이장자오 하오마

∷ 이 셔터만 누르시면 됩니다.
Just press this button.

按下这个按钮就可以了。
àn xià zhè gè àn niǔ jiù kě yǐ le

안샤 쩌거안니우 찌우커이러

∷ 알겠습니다. 자, 웃으세요.
All right. Say "Cheese"

好的。"茄子"
hǎo de qié zi

하오더 치에즈

∷ 한 장 더 부탁합니다.
One more, please.

请再拍一张。
qǐng zài pāi yì zhāng

칭짜이파이이장

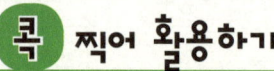

콕 찍어 활용하기

_____ 투어가 있습니까?

Do you have a _____ tour?

有 _____ 旅游团吗?
yǒu　　　　　lǚ yóu tuán ma
여우　　　　　뤼여우투안마

시내
city

市内
shì nèi
스네이

반나절
half-day

半天
bàn tiān
반티엔

1일
full day

一日
yí rì
이르

야간
night

晚间
wǎn jiān
완지엔

 찍어 활용하기

저는 ___ 을(를) 하고 싶습니다.

I'd like to ___ .

我想 ___ 。
wǒ xiǎng
워샹

골프
play golf

(打) 高尔夫球
(dǎ) gāo ěr fū qiú
(다) 까오얼푸치우

테니스
play tennis

(打) 网球
(dǎ) wǎng qiú
(다) 왕치우

스키
go skiing

滑雪
huá xuě
화쉐

수영
go swimming

游泳
yóu yǒng
여우융

중국의 주요 도시

북경 北京 베이징 **상해** 上海 상하이
천진 天津 텐진 **중경** 重庆 충칭
홍콩 香港 시앙강 **마카오** 澳门 아오먼
타이베이 台北 타이베이 **길림성** 吉林省 지린성
요녕성 辽宁省 랴오닝성 **흑룡강성** 黑龙江省 헤이룽장성
하북성 河北省 허베이성 **하남성** 河南省 허난성
산동성 山东省 산둥성 **산서성** 山西省 산시성
감숙성 甘肃省 간쑤성 **안휘성** 安徽省 안후이성
절강성 浙江省 저장성 **호북성** 湖北省 후베이성
호남성 湖南省 후난성 **복건성** 福建省 푸젠성
강서성 江西省 장시성 **사천성** 四川省 쓰촨성
청해성 青海省 칭하이성 **귀주성** 贵州省 구이저우성
운남성 云南省 윈난성 **광동성** 广东省 광둥성
광서장족자치구 广西壮族自治区 광시좡족자치구
내몽고자치구 内蒙古自治区 네이멍구자치구
영하회족자치구 宁夏回族自治区 닝샤후이족자치구
신강위그루자치구 新疆维吾尔自治区 신장웨이우얼자치구
서장자치구(티베트 Tibet) 西藏自治区 시짱자치구
해남성 海南省 하이난성
대만 台湾 타이완

附近有百货商店吗?
几点开门?
请过来一下。

여행 TIP

●● 일반적으로 중국의 상점은 외국인이나 부유층을 대상으로 하는 우의상점과 백화점이 있고, 일반인들이 이용하는 재래시장이 있다. 시장은 다시 국영과 자유시장으로 구분된다. 국영은 가격이 국가 규정에 의해 통제되고 판매되고, 자유시장은 국영에 비해 훨씬 다양한 물건들이 다양한 가격으로 판매되고 있다.

●● 중국에서 쇼핑을 할 때 가장 중요한 것은 가격 흥정이다. 실제로 외국 관광객을 상대로 하는 상점에서는 실제 가격보다 비싼 가격을 부르는 경향이 있다. 2배 정도의 가격에서부터 심지어 10배 이상의 가격을 부르는 곳도 있다. 흥정을 하다 보면 더 싼 값을 부르는 곳이 있으므로 반드시 세 곳 이상의 가격을 비교해보고 구매하는 것이 좋다. 또 한 가지 유의할 것은 가짜 상품들이다. 중국은 가짜 상품들이 워낙 많이 있어 값이 싸다고 해서 무조건 구매를 해서는 안 된다. 진짜 상품과 매우 흡사하기 때문에 자세히 살펴보지 않으면 구별해내기가 쉽지 않다. 따라서 가짜 상품에 속지 않으려면 가격이 조금 비싸더라도 외국인을 위한 전용 상점이나 국영상점 등을 이용하는 것이 안전하다. 특히 한약이나 중국차, 서화나 골동품 같은 물건은 반드시 전문점에서 구매하는 것이 좋다. 대개 전문점이나 백화점에서는 각종 신용카드로 구매가 가능하다.

상점을 찾을 때

:: 근처에 백화점이 있습니까?
Is there a department store nearby?

附近有百货商店吗?
fù jìn yǒu bǎi huò shāng diàn ma

푸찐여우 바이훠샹띠엔마

:: 화장품은 어디에서 살 수 있습니까?
Where do you sell cosmetics?

在哪儿可以买化妆品?
zài nǎ r kě yǐ mǎi huà zhuāng pǐn

짜이날 커이마이화쭈앙핀

:: 개점시간은 몇 시입니까?
What time do you open?

几点开门?
jī diǎn kāi mén

지디엔 카이먼

:: 폐점시간은 몇 시입니까?
What time do you close?

几点关门?
jī diǎn guān mén

지디엔 관먼

물건을 찾을 때

:: 어서오세요.
Welcome.

欢迎光临。
huān yíng guāng lín

환잉꽝린

:: 무엇을 찾고 있습니까?
What are you looking for?

你在找什么?
nǐ zài zhǎo shén me

니짜이자오 션머

:: 그냥 보는 거예요.
I'm just looking around.

我只是看看而已。
wǒ zhǐ shì kàn kàn ér yǐ

워즈스 칸칸얼이

:: 필요한 것 있으시면 말씀하세요.
If you need any help, let me know.

如果有什么需要帮助，请随时找我。
rú guǒ yǒu shénme xū yào bāng zhù qǐng suí shí zhǎo wǒ

루궈여우 션머쉬야오빵주 칭쉐이스 자오워

물건을 찾을 때

:: 여기 잠깐 봐 주시겠어요?
Hello. Can you help me?

请过来一下。
qǐng guò lái yí xià

칭꿔라이 이샤

:: 아버지 선물을 찾고 있어요.
I am looking for a gift for my father.

我在找送给爸爸的礼物。
wǒ zài zhǎo sòng gěi bà ba de lǐ wù

워짜이자오 쏭게이빠바더 리우

:: 향수 좀 보여 주세요.
Show me the perfume, please.

请给我看些香水。
qǐng gěi wǒ kàn xiē xiāng shuǐ

칭게이워 칸시에샹쉐이

:: 선물로 적당한 것은 없습니까?
Could you recommend something good for a souvenir?

有没有什么可以当作礼物的?
yǒu méi yǒu shén me kě yǐ dāng zuò lǐ wù de

여메이여우 션머커이당쭤리우더

쇼핑

물건을 고를 때

:: 몇 가지 보여주세요.
Could you show me some?

能给我看一些吗?
néng gěi wǒ kàn yì xiē ma

넝게이워칸이시에마

:: 다른 것을 보여 주시겠어요?
Could you show me another one?

能给我看看其他的吗?
néng gěi wǒ kàn kàn qí tā de ma

넝게이워칸칸 치타더마

:: 다른 디자인 있습니까?
Do you have any other design?

有别的款式吗?
yǒu bié de kuǎn shì ma

여우비에더 콴스마

:: 이것은 소재는 무엇입니까?
What's this made of?

请问这是什么布料?
qǐng wèn zhè shì shén me bù liào

칭원 쩌스션머 뿌랴오

물건을 고를 때

:: 입어 봐도 됩니까?
Could I try it on?

我可以试穿一下吗?
wǒ kě yǐ shì chuān yí xià ma

워커이 스촨이샤마

:: 입어 보세요.
Please try it on.

试试吧。
shì shì ba

스스바

:: 탈의실은 이쪽입니다.
This way, please.

更衣室在那边。
gēng yī shì zài nà biān

껑이스 짜이나삐엔

:: 딱 맞네요.
It fits perfectly.

这件正合适。
zhè jiàn zhèng hé shì

쩌찌엔 정허스

물건을 고를 때

:: 좀더 큰 사이즈 있습니까?
Do you have a bigger one?

有大一点的吗?
yǒu dà yì diǎn de ma

여우 따이디엔더마

:: 좀더 작은 사이즈 있습니까?
Do you have a smaller one?

有小一点的吗?
yǒu xiǎo yì diǎn de ma

여우 샤오이디엔더마

:: 이 색은 좋아하지 않습니다.
I don't like this color.

我不喜欢这个颜色。
wǒ bù xǐ huān zhè gè yán sè

워뿌시환 쩌거옌서

:: 무슨 색이 있습니까?
What kind of colors do you have?

有什么颜色?
yǒu shén me yán sè

여우션머 옌서

물건을 고를 때

:: 이건 실크 100%입니까?
Is this 100% silk?

这是百分之百纯真丝吗?
zhè shì bǎi fēn zhī bǎi chún zhēn sī ma

쩌스 바이펀즈바이 춘쩐스마

:: 중국제품입니까?
Is this made in China?

是中国制造的吗?
shì zhōng guó zhì zào de ma

스쭝궈쯔짜오더마

:: 이것은 소가죽입니까?
Is this cow leather?

这是牛皮的吗?
zhè shì niú pí de ma

쩌스뉴피더마

:: 질은 괜찮습니까?
Is the quality good?

质量好吗?
zhì liàng hǎo ma

쯔량하오마

면세점에서

:: 면세점은 어디에 있습니까?
Where's the duty free shop?

免税店在哪里?
miǎn shuì diàn zài nǎ li

미엔쉐이띠엔 짜이나리

:: 얼마까지 면세가 됩니까?
How much duty free can I buy?

可以免多少税?
kě yǐ miǎn duō shǎo shuì

커이미엔 뚜어샤오쉐이

:: 이 가게에서는 면세로 살 수 있습니까?
Can I get things tax-free in this shop?

在这里买东西可以免税吗?
zài zhè lǐ mǎi dōng xi kě yǐ miǎn shuì ma

짜이쩌리마이똥시 커이미엔쉐이마

:: 여권을 보여 주십시오.
May I have your passport, please.

请出示一下您的护照。
qǐng chū shì yí xià nín de hù zhào

칭추스이샤 닌더후쟈오

물건을 계산할 때

:: 얼마입니까?
How much is it?

多少钱?
duō shǎo qián

뚜어샤오치엔

:: 이건 세일 중입니까?
Is this on sale?

这个正在打折吗?
zhè gè zhèng zài dǎ zhé ma

쩌거쩡자이 다저마

:: 세금이 포함된 가격입니까?
Does the price include tax?

这里含税吗?
zhè lǐ hán shuì ma

쩌리 한쉐이마

:: 너무 비싸요!
It's awfully expensive!

太贵了。
tài guì le

타이꾸이러

쇼핑

쇼핑 173

물건을 계산할 때

:: 좀 싸게 해 주실 수 없나요?
Can you give a discount?

能不能便宜一点?
néng bù néng pián yi yì diǎn

넝뿌넝피엔이 이디엔

:: 깎아주면 구입 하겠습니다.
If you discount, I'll buy it.

便宜点我就买。
pián yi diǎn wǒ jiù mǎi

피엔이디엔 워찌우마이

:: 이렇게 비싸면 살 수가 없네요.
Too expensive that I cannot buy it.

这么贵, 我没办法买。
zhè me guì wǒ méi bàn fǎ mǎi

쩌머꾸이 워메이빤파마이

:: 다른 상점 좀 둘러볼게요.
I'll look around a few more places.

那我去别的商店转转。
nà wǒ qù bié de shāng diàn zhuàn zhuàn

나워취 비에더상띠엔 주완주완

물건을 계산할 때

:: 80위엔까지 드리겠습니다.
RMB80 is our rock bottom price.

最低八十元。
zuì dī bā shí yuán

쭈이디빠스위엔

:: 더 이상은 깎지 마세요.
It's the last price.

不能再低了。
bù néng zài dī le

뿌넝짜이띠러

:: 카드로 지불해도 되죠?
May I use a credit card?

可以刷卡吗?
kě yǐ shuā kǎ ma

커이슈아카마

쇼핑

:: 현금으로 지불하면 더 싸게 됩니까?
Could you give me a discount for cash?

付现金能打折吗?
fù xiàn jīn néng dǎ zhé ma

푸시엔진 넝다저마

포장 · 배송을 원할 때

:: 선물용으로 포장해주시겠어요?
Would you gift-wrap this please?

请给我用礼盒包装, 好吗?
qǐng gěi wǒ yòng lǐ hé bāo zhuāng hǎo ma

칭게이워용리허 빠오쭈앙하오마

:: 이것들을 따로따로 싸 주십시오.
Please wrap them separately.

请分开装。
qǐng fēn kāi zhuāng

칭펀카이쭈앙

:: 이 주소로 보내주세요.
Please send it to this address.

请寄到这个地址。
qǐng jì dào zhè gè dì zhǐ

칭지따오 쩌거디즈

:: 언제 배달해 주시겠어요?
When would it arrive?

什么时候能送过去?
shén me shí hòu néng sòng guò qù

션머스허우 넝쏭꿔취

교환·반품을 원할 때

:: 다른 것으로 바꿔주시겠어요?
Can I exchange it for another one?

请给我换别的吧。
qǐng gěi wǒ huàn bié de ba

칭게이워환 비에더바

:: 사이즈가 맞지 않습니다.
This size doesn't fit me.

大小不合适。
dà xiǎo bù hé shì

따샤오 뿌허스

:: 흠집이 있습니다.
There's a scratch here.

这里有毛病。
zhè lǐ yǒu máo bìng

쩌리여우마오삥

:: 얼룩이 있습니다.
There's a stain here.

这里有污渍。
zhè lǐ yǒu wū zì

쩌리여우우쯔

교환·반품을 원할 때

:: 새 것으로 바꿔드리겠습니다.
I'll get you a new one.

我给您换新的。
wǒ gěi nín huàn xīn de

워게이닌 환신더

:: 반품하고 싶은데요.
I'd like to return this.

我想退货。
wǒ xiǎng tuì huò

워샹투이훠

:: 가짜가 하나 섞여 있었습니다.
I found a fake included.

这里有个假货。
zhè lǐ yǒu gè jiǎ huò

쩌리여우거쟈훠

:: 환불해 주시겠어요?
Can I have a refund?

我能退款吗?
wǒ néng tuì kuǎn ma

워넝투이콴마

콕 찍어 활용하기

근처에 _____ 은(는) 있습니까?

Is there a _____ nearby?

这附近有 _____ 吗?
zhè fù jìn yǒu   ma
쩌푸찐여우   마

백화점
department store

百货商店

bǎi huò shāng diàn

바이훠샹띠엔

슈퍼마켓
supermarket

超市

chāo shì

차오쓰

면세점
duty-free shop

免税店

miǎn shuì diàn

미엔쉐이띠엔

할인점
discount shop

打折店

dǎ zhé diàn

다저띠엔

콕 찍어 활용하기

_____ 좀 보여 주세요.

Show me _____ , please.

请给我看一下 _____ 。
qǐng gěi wǒ kàn yí xià
칭게이워칸이샤

이것
this

这个
zhè gè
쩌거

저것
that

那个
nà gè
나거

향수
perfume

香水
xiāng shuǐ
샹쉐이

선글라스
sunglasses

太阳镜
tài yáng jìng
타이양찡

他正在通话。
　　　他现在不在。
什么时候回来？

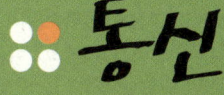

여행 TIP

●● 중국의 공중전화는 동전식과 카드식이 있으며, 우체국이나 장거리 전화국이 있어서 일정금액을 지불하고 국제전화를 할 수 있다. 그러나 중국에서 한국으로 국제전화를 거는 것은 한국에서 중국으로 거는 것보다 70% 정도나 비싸다. 따라서 한국으로 전화를 하려면 수신자부담전화를 이용하는 것이 낫다. 중국에서 한국으로 전화를 걸려면 00+82(한국국가번호)+0을 제외한 지역번호+상대방 전화번호를 누르면 된다. 수신자 부담전화로는 한국통신(108821), 데이콤(108828)과 온세통신(108827) 등이 있다. 선불카드를 구입하면 할인율도 높고 일반전화나 공중전화로도 걸 수 있다.

●● 호텔에서 국제전화를 걸 때는 0번이나 9번을 먼저 누른 후 걸면 된다. 대도시의 고급 호텔 객실에서는 외선번호를 돌리면 직접 국제전화를 걸 수 있지만 지방도시나 규모가 작은 호텔 등에서는 프런트에 신청하거나 장거리전화국에 가야만 국제통화가 가능하다.

●● 한국 유학생이 많은 학교 근처나 조선족들이 운영하는 한국전용PC방은 한글을 사용할 수 있도록 프로그램이 깔려 있다. 그러나 대도시를 벗어나면 한글사용이 불가능한 경우도 많이 있다.

전화

:: 공중전화는 어디에 있습니까?
Where is the public phone?

哪儿有公用电话?
nǎ r yǒu gōng yòng diàn huà

날여우공융띠엔화

:: 얼마를 넣어야 합니까?
How much do I put in?

要投多少钱?
yào tóu duō shǎo qián

야오터우 뚜어샤오치엔

:: 전화카드는 어디에서 팝니까?
Where can I get a telephone card?

在哪儿卖公用电话卡?
zài nǎ r mài gōng yòng diàn huà kǎ

짜이날마이 공융띠엔화카

:: 전화카드 한 장 주시겠어요?
Can I have a telephone card?

请给我一张电话卡?
qǐng gěi wǒ yì zhāng diàn huà kǎ

칭게이워이장 띠엔화카

:: 전화

:: 상해의 지역번호는 몇 번입니까?
What's the area code for Shanghai?

上海区号是多少?
shàng hǎi qū hào shì duō shǎo

샹하이취하오스 뚜어샤오

:: 내선 34번으로 돌려주세요.
Extension 34, please.

请接34号分机。
qǐng jiē sān shí sì hào fēn jī

칭찌에 싼스쓰하오 펀지

:: 마 선생님 좀 바꿔주시겠어요?
May I speak to Mr. Ma?

我想找马先生。
wǒ xiǎng zhǎo mǎ xiān sheng

워샹자오 마시엔성

:: 잠시만 기다려 주세요.
Just a moment, please.

请稍等。
qǐng shāo děng

칭샤오덩

전화

:: 지금 통화중입니다.
He's on another line.

他正在通话。
tā zhèng zài tōng huà

타쩡짜이통화

:: 지금 자리에 없습니다.
I'm sorry, he is not in.

他现在不在。
tā xiàn zài bú zài

타씨엔자이부짜이

:: 언제 돌아옵니까?
When will he be back?

什么时候回来?
shén me shí hòu huí lái

션머스허우 후이라이

:: 나중에 다시 전화하겠습니다.
I'll call again later.

我过一会儿再打过去吧。
wǒ guò yí huì r zài dǎ guò qù ba

워꿔이후얼 짜이다꿔취바

통신

전화

:: 한국으로 국제전화를 부탁합니다.
I'd like to make a call to korea please.

请帮我拨打韩国国际长途电话。
qǐng bāng wǒ bōdǎ hán guó guó jì cháng tú diàn huà

칭빵워뽀다 한궈궈지창투띠엔화

:: 상대방 전화번호를 말씀해 주세요.
Please let me know the phone number.

请告诉我对方的电话号码。
qǐng gào su wǒ duì fāng de diàn huà hàomǎ

칭까오수워 뚜이팡더 띠엔화하오마

:: 당신의 이름과 객실번호를 알려주세요.
Your name and room number, please.

请告诉我您的姓名和房间号。
qǐng gào su wǒ nín de xìng míng hé fáng jiān hào

칭까오수워 닌더씽밍허팡지엔하오

:: 전화를 끊고 잠시 기다려주세요.
Please hang up and wait.

请先挂断电话并稍等一会儿。
qǐng xiān guà duàn diàn huà bìng shāo děng yí huì r

칭시엔꾸아뚜안디엔화 뻥샤오덩이훨

186 바로바로 통하는 여행중국어

우편

:: 근처에 우체국이 있습니까?
Is there a post office around here?

这儿附近有邮局吗?
zhè r fù jìn yǒu yóu jú ma

쩌푸찐여우여우쥐마

:: 우표는 어디에서 삽니까?
Where can I buy stamps?

在哪儿买邮票?
zài nǎ r mǎi yóu piào

짜이날마이여우퍄오

:: 기념우표 좀 주시겠어요?
Can I have commemorative stamps?

请给我纪念邮票。
qǐng gěi wǒ jì niàn yóu piào

칭게이워 지니엔여우퍄오

:: 이걸 한국으로 부치고 싶습니다.
I'd like to send this to Korea.

我要把这个寄到韩国。
wǒ yào bǎ zhè gè jì dào hán guó

워야오바쩌거 지따오한궈

통신

우편

:: 빠른우편으로 부탁합니다.
Express mail, please.

请给我用快件邮寄。
qǐng gěi wǒ yòng kuài jiàn yóu jì

칭게이워용 콰이찌엔여우지

:: 소포를 보험에 들겠습니다.
I'd like to have this parcel insured.

我这个包裹要保险。
wǒ zhè gè bāo guǒ yào bǎo xiǎn

워쩌거빠오궈 야오바오시엔

:: 이 우편요금은 얼마입니까?
How much is the postage for this?

这邮费是多少?
zhè yóu fèi shì duō shǎo

쩌여우페이스 뚜어샤오

:: 선편이면 한국까지 얼마나 걸립니까?
How long will it take by sea mail to korea?

用船运邮寄需要多长时间?
yòng chuán yùn yóu jì xū yào duō cháng shí jiān

융츄안윈여우지 쉬야오뚜어창스지엔

인터넷

:: 근처에 PC방이 있습니까?
Is there a internet cafe around here?

附近有网吧吗?
fù jìn yǒu wǎng bā ma

푸찐여우왕빠마

:: 1시간 요금은 얼마입니까?
What's the charge an hour?

一个小时的费用是多少?
yí gè xiǎo shí de fèi yòng shì duō shǎo

이거샤오스더페이용스 뚜어샤오

:: 선불이 필요합니까?
Do you want me to pay in advance?

需要先付款吗?
xū yào xiān fù kuǎn ma

쉬야오 시엔푸콴마

:: 보증금은 얼마입니까?
How much is the deposit?

押金是多少?
yā jīn shì duō shǎo

야진스 뚜어샤오

_____의 지역번호는 몇 번입니까?

What's the area code for _____ ?

_____ 区号是多少?
qū hào shì duō shǎo
취하오스 뚜어샤오

북경
Beijing

北京

běi jīng

베이징

상해
Shanghai

上海

shàng hǎi

샹하이

천진
Tianjin

天津

tiān jīn

텐진

광주
Guangzhou

广州

guǎng zhōu

광저우

항주
Hangzhou

杭州

háng zhōu

항저우

곤명
Kunming

昆明

kūn míng

쿤밍

 찍어 활용하기

▢▢▢▢ (으)로 부탁합니다.

▢▢▢▢ , please.

请给我 ▢▢▢▢ 。
qǐng gěi wǒ
칭게이워

항공편	속달	등기
by air mail	express mail	registered mail
航空邮寄	快件	挂号信
háng kōng yóu jì	kuài jiàn	guà hào xìn
항콩여우지	콰이찌엔	꾸아하오신

긴급 · 안내 전화

경찰 110
구급차 120
관광안내 및 불편신고 6513-0826
교통사고 122
국내장거리전화신청 113
국제전화신청 115
국내전화신청 116
이동전화업무안내 1860
장거리전화업무안내 176
기차표예약안내 2586 / 1606166
수도국제공항 962580
우편번호안내 185#3
일기예보 안내 121
항공운행안내 1608160
표준시간안내 117
주중대사관 (86-10) 8531-0700
영사 콜센터 00-800-2100-0404

我把钱包落在火车上了。
出大事了。
我不会说汉语。

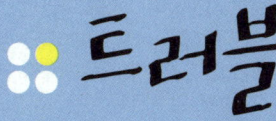

여행 TIP

●● 여행 중 여권을 분실했을 때는 바로 한국대사관으로 가서 재발급을 받아야 한다. 사진과 현지 경찰관이 발급해준 여권 분실증명서를 가지고 가면 된다. 사전에 여권 분실시를 대비해 여분의 사진을 준비하고 여권 번호와 발행연월일을 별도로 메모해 두는 것이 좋다. 본인여부 확인 작업을 거쳐야 하기 때문에 여권 재발급에 걸리는 기간은 2주정도이다. 여행 일정에 차질이 생길 수도 있으므로 여권은 분실하지 않도록 각별히 주의하자.

●● 항공권을 잃어버렸을 경우는 해당 항공사에 신고를 해야 한다. 역시 분실에 대비해 항공권 번호를 따로 메모해 두는 것이 좋다. 항공권 번호를 모를 경우에는 항공권을 구입한 장소와 연락처를 알려주어야 한다. 약간의 서비스요금을 부담하면 재발권 받을 수 있지만 이 또한 시간이 오래 걸리기 때문에 일정에 차질이 생길 수 있다.
사고가 발생했을 경우 정도가 심하지 않은 경우라면 먼저 공안국에 신고하고 보험회사 등에 연락을 한다. 참고로 여행 중 신변에 위급한 상황이 닥쳤을 경우, 한국정부의 도움을 받을 수 있는 외교부의 영사 콜센터는 00-800-2100-0404 또는 108-2-821+0(상해 남부), 108-821+0(상해 북부), 또는 00+822+3210+0404번이다.

분실·도난당했을 때

:: 분실물수령처가 어디입니까?
Where is the lost and found?

失物认领处在哪儿?
shī wù rèn lǐng chù zài nǎ r

스우런링추 짜이날

:: 여권을 잃어버렸습니다.
I lost my passport.

我丢了护照。
wǒ diū le hù zhào

워띠우러 후쟈오

:: 열차 안에 지갑을 두고 내렸습니다.
I left my wallet on the train.

我把钱包落在火车上了。
wǒ bǎ qián bāo là zài huǒ chē shàng le

워바치엔빠오 라짜이 훠처샹러

:: 지갑을 도둑맞았습니다.
I had my wallet stolen.

我的钱包被偷了。
wǒ de qián bāo bèi tōu le

워더치엔빠오 뻬이터우러

분실·도난당했을 때

:: 경찰에 신고해주시겠어요?
Will you report it to the police?

请帮我报警。
qǐng bāng wǒ bào jǐng

칭빵워 빠오징

:: 중국어로는 설명할 수 없습니다.
I can't explain it in Chinese.

我不会用中文来解释。
wǒ bú huì yòng zhōng wén lái jiě shì

워부훼이용 쭝원라이지에쓰

:: 저는 중국어를 할 줄 모릅니다.
I can't speak Chinese.

我不会说汉语。
wǒ bú huì shuō hàn yǔ

워부훼이슈어 한위

:: 한국어를 하는 분 있습니까?
Does anyone speak Korean?

有会说韩语的人吗?
yǒu huì shuō hán yǔ de rén ma

여우훼이슈어 한위더런마

196 바로바로통하는 여행중국어

교통사고가 났을 때

:: 도와주세요!
Help me!

请帮帮我。
qǐng bāng bāng wǒ

칭빵빵워

:: 큰일 났습니다.
It's an emergency.

出大事了。
chū dà shì le

추따스러

:: 구급차를 불러주세요.
Call an ambulance, please.

请叫救护车。
qǐng jiào jiù hù chē

칭찌아오 찌우후처

:: 교통사고가 났어요.
I had a car accident.

出车祸了。
chū chē huò le

추처훠러

교통사고가 났을 때

:: 차에 치였습니다.
I was hit by a car.

被车撞了。
bèi chē zhuàng le

뻬이처쭈앙러

:: 다친 사람이 있습니다.
There is an injured person here.

这里有人受伤。
zhè lǐ yǒu rén shòu shāng

쩌리여우런 셔우샹

:: 병원에 데려 가 주세요.
Please take me to the hospital.

请带我去医院。
qǐng dài wǒ qù yī yuàn

칭따이워취이위엔

:: 보험에 들었습니까?
Are you insured?

你投保了吗?
nǐ tóu bǎo le ma

니터우바오러마

:: 병원에서

트러블

:: 몸이 안 좋습니다.
I don't feel well.

我身体不舒服。
wǒ shēn tǐ bù shū fu

워션티 뿌슈푸

:: 어디가 아프십니까?
Where does it hurt?

哪里不舒服?
nǎ li bù shū fu

나리뿌슈푸

:: 여기가 아픕니다.
I have a pain here.

这里不舒服。
zhè lǐ bù shū fu

쩌리뿌슈푸

:: 열이 있습니다.
I have a fever.

我发烧了。
wǒ fā shāo le

워파샤오러

트러블 199

:: 병원에서

:: 기침이 납니다.
I have a cough.

总是咳嗽。
zǒng shì ké sou

종스커서우

:: 현기증이 납니다.
I feel dizzy.

我觉得头晕。
wǒ jué de tóu yūn

워쥐에더 터우윈

:: 설사가 심합니다.
I have bad diarrhea.

我拉肚子很厉害。
wǒ lādùzi hěn lìhai

워 라뚜즈 헌 리하이

:: 예정대로 여행을 해도 괜찮겠습니까?
Can I travel as scheduled?

我可以按原计划旅游吗?
wǒ kě yǐ àn yuán jì huà lǚ yóu ma

워커이안위엔지화 뤼여우마

약국에서

트러블

:: 감기약 좀 주세요.
I want some medicine for a cold.

给我开点儿感冒药。
gěi wǒ kāi diǎn r gǎn mào yào

게이워카이디얼 간마오야오

:: 이 처방전 약을 주세요.
Please get this prescription filled?

请给我开这个药方上的药。
qǐng gěi wǒ kāi zhè gè yào fāng shàng de yào

칭게이워카이 쩌거야오팡샹더야오

:: 이 약은 어떻게 먹습니까?
How do I take this medicine?

这个药如何服用?
zhè gè yào rú hé fú yòng

쩌거야오 루허푸용

:: 하루 세 번 두 알씩 드세요.
Take this medicine three times a day, two tablets once.

一天三次, 一次两片。
yì tiān sān cì yí cì liǎng piàn

이티엔싼츠 이츠량피엔

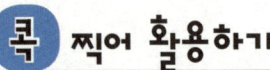 찍어 활용하기

_____ 이(가) 있습니다.

I have a _____

_____ (疼)。
téng
텅

두통 headache	복통 stomachache	치통 toothache
头疼	肚子疼	牙疼
tóu téng	dù zi téng	yá téng
터우텅	뚜즈텅	야텅

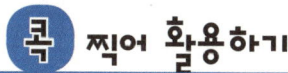

_____ 좀 주세요.

I want some _____

给我开点儿 _____ 。
gěi wǒ kāi diǎn r
게이워카이디얼

감기약	설사약	치통약
medicine for a cold	diarrhea medicine	medicine for a toothache
感冒药	止泻药	牙痛药
gǎn mào yào	zhǐ xiè yào	yá tòng yào
간마오야오	즈씨에야오	야통야오

증상과 질병

외상 外伤 와이샹
내상 内伤 네이샹
화상 烧伤 샤오샹
두통 头疼 터우텅
복통 肚子疼 뚜즈텅
소화불량 消化不良 시아오화 뿌리양
위염 胃炎 웨이옌
위궤양 胃溃疡 웨이쿠이양
설사 拉肚子 라뚜즈
변비 便秘 삐엔미
요통 腰疼 야오텅
치통 牙疼 야텅
기침 咳嗽 커서우
감기 感冒 간마오
폐렴 肺炎 페이이옌
간염 肝炎 깐이옌
식중독 食物中毒 스우 쭝뚜
관절염 关节炎 관제옌
골절 骨折 구져
빈혈 贫血 핀쉐
구토 呕吐 오우투
현기증 头晕 터우윈
호흡곤란 呼吸困难 후시 쿤난
알레르기 过敏 꿔민

请出示您的机票和护照。
我想取消我预订的航班。
我要一个靠窗的座位。

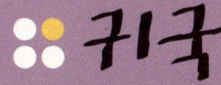

여행 TIP

●● 항공권의 예약 확인은 출발 72시간 이전에 항공사의 사무소나 전화로 반드시 재확인을 해야 한다. 재확인을 하지 않으면 예약이 취소될 수도 있다. 돌아올 항공권을 국내에서 미리 발권 받은 경우라면 상관없이 출발 2시간 전까지 공항에 나가서 곧바로 체크인 하면 된다.

●● 인천국제공항의 입국 심사는 출국과 반대 순서이다. 도착하면 입국 심사장으로 가서 여권과 출국 때 작성한 출입국 신고서의 나머지 부분을 제시한다. 엑스레이 검사대를 통과하여 1층으로 내려오면 수하물이 도착하는 턴테이블이 있다. 자신이 타고 온 항공편명이 적혀있는 턴테이블에서 짐을 찾아 세관 검사대로 가면 된다. 세관의 검사대는 녹색의 면세 통로와 빨간색의 과세 통로로 구분되어 있다. 자신에게 해당되는 통로를 선택해 심사대의 심사관에게 여권과 함께 여행자 휴대품 신고서를 제시한다. 신고할 물품이 없는 경우에는 휴대품 신고서를 작성하지 않아도 된다. 심사원이 신고할 물건이 있는지 묻고 가방을 열어보기도 하지만 배낭여행객의 경우는 대개 그냥 통과된다.

∷ 예약을 확인할 때

∷ 예약을 재확인하고 싶은데요.
I'd like to reconfirm my flight.

我想再确认一下航班。
wǒ xiǎng zài què rèn yí xià háng bān

워샹짜이 취에런이샤 항반

∷ 예약은 한국에서 했습니다.
I made a reservation from Korea.

我是在韩国预订的。
wǒ shì zài hán guó yù dìng de

워스짜이한궈위띵더

∷ 성함과 편명을 말해주시겠어요?
What's your name and flight number?

请告诉我您的姓名和航班号。
qǐng gào su wǒ nín de xìng míng hé háng bān hào

칭까오수워 닌더씽밍 허항반하오

∷ 몇 시까지 탑승수속을 하면 되나요?
By what time should we check in?

我该什么时候办理登机手续?
wǒ gāi shén me shí hòu bàn lǐ dēng jī shǒu xù

워까이션머스허우 빤리떵지셔우쉬

귀국

:: 예약을 변경할 때

:: 예약을 변경하려고 합니다.
I'd like to change my reservation.

我想更改我预订的航班。
wǒ xiǎng gēng gǎi wǒ yù dìng de háng bān

워샹껑가이 워위띵더항반

:: 어떻게 변경하고 싶습니까?
How do you want to change your flight?

您想怎么改?
nín xiǎng zěn me gǎi

닌샹 전머가이

:: 3월 5일로 변경하고 싶습니다.
I'd like to change it to March 5th.

我想换到三月五号。
wǒ xiǎng huàn dào sān yuè wǔ hào

워샹환따오 싼위에우하오

:: 예약을 취소하고 싶습니다.
I'd like to cancel my reservation.

我想取消我预订的航班。
wǒ xiǎng qǔ xiāo wǒ yù dìng de háng bān

워샹취샤오 워위띵더항반

탑승수속

:: 민항 탑승수속은 어디에서 합니까?
Where should I check in?

在哪儿办理民航的登机手续?
zài nǎ r bàn lǐ míng háng de dēng jī shǒu xù

짜이날 빤리민항더떵지셔우쉬

:: 항공권과 여권을 보여주시겠어요?
May I see your passport and ticket, please?

请出示您的机票和护照?
qǐng chū shì nín de jī piào hé hù zhào

칭추스 닌더지퍄오 허후쟈오

:: 창가자리로 주십시오.
Please give me a window seat.

我要一个靠窗的座位。
wǒ yào yí gè kào chuāng de zuò wèi

워야오 이거카오추앙더쭤웨이

:: 앞쪽 좌석이 더 좋겠는데요.
I prefer getting seats in the front.

我想要坐在飞机的前部。
wǒ xiǎng yào zuò zài fēi jī de qián bù

워샹야오쭤짜이 페이지더치엔부

:: 탑승수속

:: 맡길 짐이 있으십니까?
Is there any baggage to check?

你有行李要托运吗?
nǐ yǒu xíng li yào tuō yùn ma

니여우싱리 야오투어윈마

:: 이 짐을 맡길게요
I'll check this baggage.

这行李我要托运。
zhè xíng li wǒ yào tuō yùn

쩌싱리 워야오투어윈

:: 이 짐은 기내로 가지고 들어갈 수 있나요?
Can I take this bag on the plane?

我能带这个包登机吗?
wǒ néng dài zhè gè bāo dēng jī ma

워넝따이 쩌거빠오떵지마

:: 몇 번 게이트로 탑승합니까?
What gate is boarding?

我该在几号登机口登机?
wǒ gǎi zài jǐ hào dēng jī kǒu dēng jī

워까이짜이 지하오떵지커우 떵지

찍어 활용하기

_____ 은(는) 어디입니까?

Where is the _____ ?

_____ 在哪里?
zài nǎ lǐ
짜이나리

대한항공 카운터
Korean Airline counter

大韩航空柜台
dà hán háng kōng guì tái
따한항콩 꾸이타이

아시아나항공 카운터
Asiana Airline counter

韩亚航空柜台
hán yà háng kōng guì tái
한야항콩 꾸이타이

북방항공 카운터
Beifang Airline counter

北方航空柜台
běi fāng háng kōng guì tái
베이팡항콩 꾸이타이

동방항공 카운터
Dongfang Airline counter

东方航空柜台
dōng fāng háng kōng guì tái
동팡항콩 꾸이타이

📘 항공예약

항공 航空 항콩
항공사 航空公司 항콩꽁스
여행사 旅行社 뤼싱써
예약 预订 위딩
확인 确认 취에런
재확인 再次确认 짜이츠취에런
변경 更改 껑가이
취소 取消 취샤오
날짜 日期 르치
시간 时间 스지엔
지연 延迟 옌츠
정각 整点 정디엔
공석대기 待机 따이지

(ㄱ)

가게	小卖部 xiǎo mài bù	샤오마이부
가격	价钱 jià qián	지아치엔
가방	包 bāo	빠오
가슴	胸 xiōng	슝
가운데	中间 zhōng jiān	중지엔
가을	秋天 qiū tiān	치우티엔
가이드	导游 dǎo yóu	다오여우
가정	家庭 jiā tíng	지아팅
가족	家人 jiā rén	지아런
가짜	假的 jiǎ de	지아더
간	肝 gān	깐
간장	酱油 jiàng yóu	찌앙여우
간호사	护士 hù shì	후스
갈아타다	换车 huàn chē	환처
감기	感冒 gǎn mào	간마오

감동	感动 gǎn dòng	간뚱
강도	强盗 qiáng dào	치앙따오
같다	一样 yí yàng	이양
객석	客座 kè zuò	커쭈오
객실	客房 kè fáng	커팡
거울	镜子 jìng zi	징즈
걱정	担心 dān xīn	딴신
건강	健康 jiàn kāng	찌엔캉
검사	检查 jiǎn chá	지엔차
검역	检疫 jiǎn yì	지엔이
게	螃蟹 páng xiè	팡시에
게임	比赛 bǐ sài	비싸이
겨울	冬天 dōng tiān	뚱티엔
겨자	芥末 jiè mo	지에모
견본	样品 yàng pǐn	양핀
견학	参观 cān guān	찬관

결론	结果 jié guǒ	지에궈
결정	决定 jué dìng	쥐에띵
결혼	结婚 jié hūn	지에훈
경관	景色 jǐng sè	징써
경극	京剧 jīng jù	찡쥐
경기장	体育场 tǐ yù chǎng	티위창
경찰	警察 jǐng chá	징차
경축	庆祝 qìng zhù	칭쭈
경치	风光 fēng guāng	펑꽝
경험	经验 jīng yàn	찡이엔
계급	阶级 jiē jí	찌에지
계란	鸡蛋 jī dàn	지딴
계산	计算 jì suàn	찌수완
계약	合同 hé tong	흐어통
계약금	定金 dìng jīn	띵찐
계절	季节 jì jié	지지에

계획	计划 jì huà	찌화
고객	顾客 gù kè	꾸커
고궁	故宫 gù gōng	꾸꿍
고급	高级 gāo jí	까오지
고기	肉 ròu	러우
고생	辛苦 xīn kǔ	씬쿠
고속도로	高速公路 gāo sù gōng lù	까오수꽁루
고장	地方 dì fāng	띠팡
고장나다	故障 gù zhàng	꾸장
고추	辣椒 là jiāo	라쟈오
고치다	修理 xiū lǐ	씨우리
고통	痛苦 tòng kǔ	통쿠
고향	家乡 jiā xiāng	지아쌍
골동품	古玩 gǔ wán	구완
골목	胡同 hú tòng	후통
골프	高尔夫球 gāo ěr fū qiú	까오얼푸치우

공사	工程 gōng chéng	꽁청
공연	表演 biǎo yǎn	뱌오엔
공예품	工艺品 gōng yì pǐn	꽁이펀
공원	公园 gōng yuán	꽁위엔
공장	工厂 gōng chǎng	꽁창
공중전화	公用电话 gōng yòng diàn huà	꽁용띠엔화
공항	机场 jī chǎng	지창
과일	水果 shuǐ guǒ	쉐이궈
과학	科学 kē xué	커쉐
관객	观众 guān zhòng	관중
관계	关系 guān xi	관시
관광	观光 guān guāng	관구앙
관람	参观 cān guān	찬관
관세	关税 guān shuì	관쉐이
관심	关心 guān xīn	관씬
광고	广告 guǎng gào	광까오

광동어	广东话 guǎng dōng huà	광둥화
교류	交流 jiāo liú	찌아오리우
교민	侨民 qiáo mín	치아오민
교외	郊外 jiāo wài	찌아오와이
교통	交通 jiāo tōng	찌아오통
교환	交换 jiāo huàn	찌아오환
구급차	救护车 jiù hù chē	찌우후처
구두	皮鞋 pí xié	피시에
구름	云 yún	윈 ,
구명복	救生衣 jiù shēng yī	찌우성이
구분	区别 qū bié	취비에
구토	呕吐 ǒu tù	오우투
국가	国家 guó jiā	궈찌아
국경	国境 guó jìng	궈찡
국내	国内 guó nèi	궈네이
국립	国立 guó lì	궈리

바로바로 단어사전 219

국민	国民 guó mín	궈민
국외	国外 guó wài	궈와이
국적	国籍 guó jí	궈지
국제	国际 guó jì	궈찌
권리	权利 quán lì	취엔리
귀	耳朵 ěr duo	얼뚜어
귀걸이	耳环 ěr huán	얼환
규정	规定 guī dìng	꾸이띵
귤	橘子 jú zi	쥐즈
그룹	团体 tuán tǐ	투안티
그림	画儿 huàr	활
극장	剧场 jù chǎng	쥐창
근교	近郊 jìn jiāo	찐지아오
근처	附近 fù jìn	푸진
금연	禁烟 jìn yān	찐옌
금지	禁止 jìn zhǐ	찐즈

급행	快车 kuài chē	콰이처
기념	纪念 jì niàn	지니엔
기념품	纪念品 jì niàn pǐn	지니엔핀
기다리다	等待 děng dài	덩따이
기대	期待 qī dài	치따이
기독교	基督教 jī dū jiào	지두찌아오
기록	记录 jì lù	찌루
기름	油 yóu	여우
기분	心情 xīn qíng	신칭
기상	气象 qì xiàng	치씨앙
기술	技术 jì shù	찌슈
기억	记忆 jì yì	찌이
기업가	企业家 qǐ yè jiā	치이에지아
기온	气温 qì wēn	치원
기운	力气 lì qi	리치
기차	火车 huǒ chē	훠처

기침	咳嗽 ké sou	커서우
기한	期限 qī xiàn	치씨엔
기혼	已婚 yǐ hūn	이혼
기회	机会 jī huì	지훼이
기후	气候 qì hòu	치허우
긴급	紧急 jǐn jí	진지
긴장	紧张 jǐn zhāng	진짱
길	路 lù	루
길다	长 cháng	창
김치	泡菜 pào cài	파오차이
꿈	梦 mèng	멍
끈	绳子 shéng zi	셩즈

(ㄴ)

나	我 wǒ	워
나무	树 shù	슈

나이	**年龄** nián líng	니엔링
나중	**以后** yǐ hòu	이허우
낚시	**钓鱼** diào yú	띠아오위
난간	**栏杆** lán gān	란깐
난로	**火炉** huǒ lú	훠루
날다	**飞** fēi	페이
날씨	**天气** tiān qì	티엔치
날짜	**日子** rì zi	르즈
남쪽	**南边** nán biān	난비엔
낮	**白天** bái tiān	바이티엔
낮다	**低** dī	띠
내년	**明年** míng nián	밍니엔
내용	**内容** nèi róng	네이롱
냄새	**味儿** wèir	윌
냅킨	**餐巾纸** cān jīn zhǐ	찬진즈
냉면	**冷面** lěng miàn	렁미엔

냉장고	冰箱 bīng xiāng	삥샹
농민	农民 nóng mín	눙민
농촌	农村 nóng cūn	눙춘
높다	高 gāo	까오
누나	姐姐 jiě jiě	지에지에
눈	眼睛 yǎn jīng	옌찡
눈물	眼泪 yǎn lèi	옌레이
뉴스	新闻 xīn wén	씬원
느리다	慢 màn	만
늦다	晚 wǎn	완

(ㄷ)

다리	桥 qiáo	치아오
다림질	熨衣服 yùn yī fu	윈이푸
다시	再 zài	짜이
단풍	红叶 hóng yè	홍에

닭	鸡 jī	지
닭고기	鸡肉 jī ròu	지러우
대륙	大陆 dà lù	따루
대만	台湾 táiwān	타이완
대학교	大学 dà xué	따쉐
더럽다	脏 zāng	짱
덥다	热 rè	르어
도로	公路 gōng lù	꿍루
도매상	批发商 pī fā shāng	피파샹
도서관	图书馆 tú shū guǎn	투슈관
도시락	盒饭 hé fàn	허판
도자기	陶器 táo qì	츠치
독서	读书 dú shū	두슈
돈	钱 qián	치엔
돈지갑	钱包 qián bāo	치엔빠오
동물원	动物园 dòng wù yuán	뚱우위엔

동생	弟弟 dì di	띠디
동쪽	东边 dōng biān	뚱비엔
돼지고기	猪肉 zhū ròu	쥬러우
듣다	听 tīng	팅
등기우편	挂号信 guà hào xìn	꽈하오씬
등록	登记 dēng jì	떵지
등산	爬山 pá shān	파샨
딸	女儿 nǚ ér	뉘얼
땀	汗水 hàn shuǐ	한쉐이

(ㄹ)

| 라디오 | 收音机 shōu yīn jī | 셔우인지 |
| 라이터 | 打火机 dǎ huǒ jī | 따훠지 |

(ㅁ)

| 마늘 | 大蒜 dà suàn | 따쑤안 |

마시다	喝 hē	허
마음	心思 xīn sī	신쓰
마지막	最后 zuì hòu	쭈이허우
만나다	见面 jiàn miàn	찌엔미엔
맛	味道 wèi dào	웨이따오
맛있다	好吃 hǎo chī	하오츠
매일	每天 měi tiān	메이티엔
매화	梅花 méi huā	메이화
맥주	啤酒 pí jiǔ	피지우
머리	头 tóu	터우
머리카락	头发 tóu fa	터우파
머무르다	滞留 zhì liú	쯔리우
먹다	吃 chī	츠
먼저	先 xiān	씨엔
멀다	远 yuǎn	위엔
면세	免税 miǎn shuì	미엔쉐이

면적	面积 miàn jī	미엔지
명단	名单 míng dān	밍딴
모레	后天 hòu tiān	허우티엔
모임	聚会 jù huì	쥐훼이
모자	帽子 mào zi	마오즈
목걸이	项链 xiàng liàn	쌍리엔
목욕	洗澡 xǐ zǎo	시자오
목적	目的 mù dì	무디
몸	身体 shēn tǐ	션티
무게	重量 zhòng liàng	쭝량
무대	舞台 wǔ tái	우타이
무역	贸易 mào yì	마오이
문	门 mén	먼
문제	问题 wèn tí	원티
문화	文化 wén huà	원화
물	水 shuǐ	쉐이

물건	东西 dōng xi	똥시
미술관	美术馆 měi shù guǎn	메이슈관
미혼	未婚 wèi hūn	웨이훈
민요	民谣 mín yáo	민야오
민족	民族 mín zú	민주

(ㅂ)

바다	海 hǎi	하이
바람	风 fēng	펑
바쁘다	忙 máng	망
바지	裤子 kù zi	쿠즈
박물관	博物馆 bó wù guǎn	보우관
밖	外面 wài miàn	와이미엔
밤	晚上 wǎn shang	완샹
밥	饭 fàn	판
방	房间 fáng jiān	팡지엔

방문	访问 fǎng wèn	팡원
방법	方法 fāng fǎ	팡파
방송	广播 guǎng bō	꽝뽀
방학	放假 fàng jià	팡지아
방향	方向 fāng xiàng	팡썅
배(교통)	船 chuán	츄안
백화점	百货商店 bǎi huò shāng diàn	바이훠샹띠엔
버스	公共汽车 gōng gòng qì chē	꽁공치처
번역	翻译 fān yì	판이
범인	犯人 fàn rén	판런
법률	法律 fǎ lǜ	파뤼
변비	便秘 biàn mì	삐엔미
변호사	律师 lǜ shī	뤼스
병원	医院 yī yuàn	이위엔
보다	看 kàn	칸
보증금	押金 yā jīn	야진

한국어	中文	발음
보증서	保证书 bǎo zhèng shū	바오정슈
보통	普通 pǔ tōng	푸퉁
보험	保险 bǎo xiǎn	바오시엔
복통	腹痛 fù tòng	푸퉁
볼펜	圆珠笔 yuán zhū bǐ	위엔쭈비
봄	春天 chūn tiān	춘티엔
부두	码头 mǎ tóu	마터우
부인	夫人 fū rén	푸런
부채	扇子 shàn zi	샨즈
부치다	寄 jì	지
북쪽	北边 běi biān	베이비엔
분수	喷水 pēn shuǐ	펀쉐이
불교	佛教 fó jiào	포지아오
불친절	不亲切 bù qīn qiè	뿌친치에
불편	不方便 bù fāng biàn	뿌팡삐엔
비	雨 yǔ	위

비극	悲剧 bēi jù	뻬이쥐
비밀	秘密 mì mì	미미
비상구	太平门 tài píng mén	타이핑먼
비싸다	贵 guì	꾸이
비용	费用 fèi yòng	페이용
비자	签证 qiān zhèng	치엔정
비행기표	机票 jī piào	지퍄오
빌딩	大楼 dà lóu	따러우
빌리다	借 jiè	찌에
빠르다	快 kuài	콰이

(ㅅ)

사고	事故 shì gù	스꾸
사과	苹果 píng guǒ	핑궈
사다	买 mǎi	마이
사용	使用 shǐ yòng	스용

사진	照片 zhào piàn	자오피엔
사진기	照相机 zhào xiàng jī	자오썅지
살다	住 zhù	쭈
상자	箱子 xiāng zi	썅즈
상품	商品 shāng lǐn	샹핀
새	鸟 niǎo	니아오
색	颜色 yán sè	옌서
샌드위치	三明治 sān míng zhì	싼밍즈
샐러드	沙拉 shā lā	샤라
생맥주	生啤 shēng pí	셩피
생선	鱼 yú	위
생선회	生鱼片 shēng yú piàn	셩위피엔
생일	生日 shēng rì	셩르
샴페인	香槟酒 xiāng bīn jiǔ	샹삔지우
샴푸	洗发精 xǐ fà jīng	시파찡
서다	站 zhàn	짠

서류	文件 wén jiàn	원지엔
서명	签名 qiān míng	치엔밍
서점	书店 shū diàn	슈띠엔
서쪽	西边 xī biān	씨비엔
선물	礼物 lǐ wù	리우
설탕	糖 táng	탕
성냥	火柴 huǒ chái	훠챠이
성명	姓名 xìng míng	씽밍
성별	性别 xìng bié	씽비에
세계	世界 shì jiè	스지에
세관	海关 hǎi guān	하이관
세금	税金 shuì jīn	쉐이진
세수	洗脸 xǐ liǎn	시리엔
세탁	洗衣 xǐ yī	시이
셀프서비스	自助 zì zhù	즈쭈
셔터	快门 kuài mén	콰이먼

소고기	牛肉 niú ròu	뉴러우
소금	盐 yán	이엔
소리	声音 shēng yīn	셩인
소파	沙发 shā fā	샤파
소포	包裹 bāoguǒ	빠오궈
소화제	助消化药 zhù xiāo huà yào	쭈시아오화야오
손님	客人 kè rén	커런
손목시계	手表 shǒu biǎo	셔우비아오
손수건	手帕 shǒu pà	셔우파
손톱깎이	指甲刀 zhǐ jiǎ dāo	즈쟈따오
송별회	欢送会 huān sòng huì	환송훼이
수건	毛巾 máo jīn	마오진
수도	首都 shǒu dū	셔우뚜
수리	修理 xiū lǐ	씨우리
수신인	收信人 shōu xīn rén	셔우씬런
수영	游泳 yóu yǒng	여우융

수표	支票 zhī piào	즈퍄오
수프	汤 tāng	탕
수하물	行李 xíng li	싱리
술	酒 jiǔ	지우
쉬다	休息 xiū xi	씨우시
슈퍼마켓	超市 chāo shì	차오쓰
스위치	电钮 diàn niǔ	디엔니우
스카프	围巾 wéi jīn	웨이진
스키	滑雪 huá xuě	화쉐
스튜어디스	空中小姐 kōng zhōng xiǎo jiě	콩중씨아오지에
스포츠	体育 tǐ yù	티위
승강기	电梯 diàn tī	디엔티
승객	乘客 chéng kè	청커
시내	市内 shì nèi	스네이
시장	市场 shì chǎng	스챵
시차	时差 shí chā	스챠

식당	食堂 shí táng	스탕
식물원	植物园 zhí wù yuán	즈우위엔
식중독	食物中毒 shí wù zhōng dú	스우중두
신고	申报 shēn bào	션빠오
신문	报纸 bào zhǐ	빠오즈
신분증	身份证 shēn fèn zhèng	션펀쩡
신용카드	信用卡 xìn yòng kǎ	신용카
신청	申请 shēng qǐng	션칭
실패	失败 shī bài	스빠이
쌀	米 mǐ	미
쓰다	写 xiě	씨에
쓰레기	垃圾 lā jī	라지

(ㅇ)

아나운서	播音员 bō yīn yuán	뽀인위엔
아들	儿子 ér zi	얼즈

아래	下面 xià miàn	샤미엔
아버지	爸爸 bà ba	빠바
아이스크림	冰淇淋 bīng qí lín	삥치린
아저씨	叔叔 shū shu	슈슈
아침	早上 zǎo shang	자오샹
아침식사	早饭 zǎo fàn	자오판
아파트	公寓 gōng yù	꽁위
아프다	疼 téng	텅
악수	握手 wò shǒu	워셔우
안경	眼镜 yǎn jìng	옌찡
안내소	服务台 fú wù tái	푸우타이
안전벨트	安全带 ān quán dài	안취엔따이
알다	知道 zhī dào	즈따오
앞	前面 qián miàn	치엔미엔
야경	夜景 yè jǐng	이에징
야영	露营 lù yíng	루잉

야외	野外 yě wài	이에와이
약	药 yào	야오
약국	药房 yào fáng	야오팡
양말	袜子 wà zi	와즈
양복	西服 xī fú	시푸
어깨	肩膀 jiān bǎng	지엔빵
어제	昨天 zuó tiān	주어티엔
얼굴	脸 liǎn	리엔
얼마	多少 duō shǎo	뚜어샤오
여권	护照 hù zhào	후쟈오
여름	夏天 xià tiān	시아티엔
여행사	旅行社 lǚ xíng shè	뤼싱써
역사	历史 lì shǐ	리스
연극	话剧 huà jù	화쥐
연락	联络 lián luò	리엔루오
연필	铅笔 qiān bǐ	치엔비

열다	开 kāi	카이
열쇠	钥匙 yào shi	야오스
열차	火车 huǒ chē	훠처
엽서	明信片 míng xìn piàn	밍씬피엔
영사관	领事馆 lǐng shì guǎn	링스관
영수증	收据 shōu jù	셔우쥐
영어	英文 yīng wén	잉원
영화	电影 diàn yǐng	띠엔잉
옆	旁边 páng biān	팡비엔
예매	预购 yù gòu	위꺼우
예약	预订 yù dìng	위띵
예정	预定 yù dìng	위띵
오늘	今天 jīn tiān	찐티엔
오른쪽	右边 yòu biān	여우비엔
오전	上午 shàng wǔ	샹우
오토바이	摩托车 mó tuō chē	모튀처

오페라	歌剧 gē jù	꺼쥐
오후	下午 xià wǔ	샤우
온천	温泉 wēn quán	원취엔
옷걸이	衣架 yī jià	이지아
왕복표	往返票 wǎng fǎn piào	왕판퍄오
외과	外科 wài kē	와이커
외교	外交 wài jiāo	와이쟈오
외화	外币 wài bì	와이삐
왼쪽	左边 zuǒ biān	주어비엔
요리	菜 cài	차이
우산	雨伞 yǔ sǎn	위산
우유	牛奶 niú nǎi	뉴나이
우체국	邮局 yóu jú	여우쥐
우표	邮票 yóu piào	여우퍄오
운전사	司机 sī jī	쓰지
위경련	胃痉挛 wèi jìng luán	웨이징루안

위스키	威士忌 wēi shì jì	웨이스지
위장염	胃肠炎 wèi cháng yán	웨이창옌
위조품	假冒品 jiǎ mào pǐn	지아마오핀
위쪽	上边 shàng biān	샹비엔
유람선	游船 yóu chuán	여우츄안
유래	由来 yóu lái	여우라이
유리	玻璃 bō li	뽀리
유명	有名 yǒu míng	여우밍
유적	遗迹 yí jì	이지
유행	流行 liú xíng	리우싱
은행	银行 yín háng	인항
음료	饮料 yǐn liào	인랴오
음악	音乐 yīn yuè	인위에
이름	名字 míng zi	밍즈
이어폰	耳机 ěr jī	얼지
인삼	人参 rén shēn	런션

한국어	중국어	발음
일기예보	天气预报 tiān qì yù bào	티엔치위빠오
일본	日本 rì běn	르번
입	口 kǒu	커우
입구	入口 rù kǒu	루커우
입국	入境 rù jìng	루징
입다	穿 chuān	촨

(ㅈ)

자격	资格 zī gé	쯔거
자동차	汽车 qì chē	치처
자리	座位 zuò wèi	쭤웨이
자연	自然 zì rán	쯔란
자전거	自行车 zì xíng chē	쯔싱처
작가	作家 zuò jiā	쭤찌아
작년	去年 qù nián	취니엔
잔돈	零钱 líng qián	링치엔

잡지	杂志 zá zhì	자쯔
잡화	杂货 zá huò	자훠
장난감	玩具 wán jù	완쥐
장소	地点 dì diǎn	띠디엔
재떨이	烟灰缸 yān huī gāng	옌훼이깡
저녁	晚上 wǎn shang	완샹
저녁식사	晚饭 wǎn fàn	완판
전망대	瞭望台 liào wàng tái	랴오왕타이
전시회	展览会 zhǎn lǎn huì	잔란훼이
전화	电话 diàn huà	띠엔화
절	寺院 sì yuàn	쓰위엔
점심식사	午饭 wǔ fàn	우판
점원	店员 diàn yuán	띠엔위엔
접대	招待 zhāo dài	쟈오따이
접시	碟子 dié zi	디에즈
젓가락	筷子 kuài zi	콰이즈

정류장	车站 chē zhàn	처짠
정보	情报 qíng bào	칭빠오
조각	雕刻 diāo kè	띠아오커
조건	条件 tiáo jiàn	탸오지엔
종교	宗教 zōng jiào	종찌아오
종류	种类 zhǒng lèi	종레이
좋아하다	喜欢 xǐ huān	시환
주말	周末 zhōu mò	져우모
주소	地址 dì zhǐ	띠즈
주유소	加油站 jiā yóu zhàn	지아여우짠
주인	主人 zhǔ rén	런
주최	主办 zhǔ bàn	주빤
준비	准备 zhǔn bèi	준뻬이
중국	中国 zhōng guó	쭝귀
중국어	汉语 hàn yǔ	한위
증권	证券 zhèng quàn	쩡취엔

증명서	证明书 zhèng míng shū	쩡밍슈
지갑	钱包 qián bāo	치엔빠오
지도	地图 dì tú	디투
지배인	经理 jīng lǐ	찡리
지하철	地铁 dì tiě	디티에
직업	职业 zhí yè	즈이에
짐	行李 xíng li	싱리
집	房子 fáng zi	팡즈

(ㅊ)

차멀미	晕车 yùn chē	윈처
착륙	着陆 zhuó lù	쭈워루
참가	参加 cān jiā	찬지아
찻집	茶馆 chá guǎn	차관
창문	窗户 chuāng hù	추앙후
찾다	找 zhǎo	자오

책	书 shū	슈
체온	体温 tǐ wēn	티원
초과	超过 chāo guò	차오꿔
최근	最近 zuì jìn	쭈이찐
최대	最大 zuì dà	쭈이따
최후	最后 zuì hòu	쭈이허우
축제	节日 jié rì	지에르
축하	祝贺 zhù hè	쭈허
출구	出口 chū kǒu	추커우
출국	出境 chū jìng	추찡
출발	出发 chū fā	추파
춥다	冷 lěng	렁
취소	取消 qǔ xiāo	취샤오
치과	牙科 yá kē	야커
치약	牙膏 yá gāo	야까오
치즈	奶酪 nǎi lào	나이라오

친절	亲切 qīn qiè	친치에
침대	床 chuáng	추앙
칫솔	牙刷 yá shuā	야슈아

(ㅋ)

칼	刀 dāo	따오
커피	咖啡 kā fēi	카페이
크리스마스	圣诞节 shèng dàn jié	셩딴지에

(ㅌ)

타이어	轮胎 lún tāi	룬타이
탑승권	登机牌 dēng jī pái	떵지파이
택시	出租车 chū zū chē	추주처
테니스	网球 wǎng qiú	왕치우
텔레비젼	电视 diàn shì	띠엔스
통신	通讯 tōng xùn	통씬

통역	翻译 fān yì	판이
통행금지	禁止通行 jìn zhǐ tōng xíng	찐즈통씽
특급	特快 tè kuài	터콰이

(ㅍ)

판매	销售 xiāo shòu	씨아오셔우
편도	单程 dān chéng	딴청
편지	信 xìn	씬
품질	质量 zhì liàng	쯔량
플래시	闪光 shǎn guāng	샨광
피로	疲劳 pí láo	피라오
피아노	钢琴 gāng qín	깡친
피자	比萨饼 bǐ sà bǐng	비싸빙

(ㅎ)

하늘	天 tiān	티엔

하루	一天 yì tiān	이티엔
학교	学校 xué xiào	쉐씨아오
학생	学生 xué shēng	쉐셩
한국	韩国 hán guó	한궈
한국어	韩语 hán yǔ	한위
한약	中药 zhōng yào	중야오
할인	打折 dǎ zhé	다저
항공기	飞机 fēi jī	페이지
해결	解决 jiě jué	지에쥐에
해석	解释 jiě shì	지에스
해열제	解热剂 jiě rè jì	지에르어지
햄버거	汉堡包 hàn bǎo bāo	한바오빠오
향수	香水 xiāng shuǐ	샹쉐이
현금	现金 xiàn jīn	씨엔진
형제	兄弟 xiōng dì	슝띠
호수	湖 hú	후

호텔	酒店 jiǔ diàn	지우띠엔
홍차	红茶 hóng chá	홍차
화장	化妆 huà zhuāng	화쭈앙
화장실	洗手间 xǐ shǒu jiān	시셔우지엔
화장지	卫生纸 wèi shēng zhǐ	웨이셩즈
화장품	化妆品 huà zhuāng pǐn	화쭈앙핀
확인	确认 què rèn	취에런
환전	换钱 huàn qián	환치엔
회복	恢复 huī fù	후이푸
회사	公司 gōng sī	꽁스
후추	胡椒 hú jiāo	후지아오
휴가	休假 xiū jià	씨우지아
휴식	休息 xiū xi	씨우시
휴일	假日 jià rì	지아르
흡연	吸烟 xī yān	씨옌

>> 숫자

0	零 líng	링
1	一 yī	이
2	二,两 èr, liǎng	얼, 량
3	三 sān	싼
4	四 sì	쓰
5	五 wǔ	우
6	六 liù	리우
7	七 qī	치
8	八 bā	빠
9	九 jiǔ	지우
10	十 shí	스
11	十一 shíyī	스이
12	十二 shíèr	스얼
20	二十 èrshí	얼스
30	三十 sānshí	싼스

40	四十 sìshí	쓰스
50	五十 wǔshí	우스
60	六十 liùshí	리우스
70	七十 qīshí	치스
80	八十 bāshí	빠스
90	九十 jiǔshí	지우스
100	一白 yìbǎi	이빠이
1000	一千 yìqiān	이치엔
10000	一万 yíwàn	이완

>> 시간

1초	一秒 yìmiǎo	이미아오
1분	一分钟 yìfēnzhōng	이펀중
15분	刻 kè	커(스우펀중)
30분	半 bàn	반(싼스펀중)
1시	一点 yìdiǎn	이디엔

2시	**两点** liǎngdiǎn	량디엔
3시	**三点** sāndiǎn	싼디엔
1시간	**一个小时** yígexiǎoshí	이거씨아오스
2시간	**两个小时** liǎnggexiǎoshí	량거씨아오스
시간	**时间** shíjiān	스지엔
때	**时候** shíhòu	스허우
아침	**早上** zǎoshang	자오샹
낮	**白天** báitiān	바이티엔
저녁	**晚上** wǎnshang	완샹
오전	**上午** shàngwǔ	샹우
정오	**中午** zhōngwǔ	쭝우
오후	**下午** xiàwǔ	씨아우
밤중	**夜里** yèli	이에리

≫ 날짜

1월	**一月** yīyuè	이위에

2월	二月 èryuè	얼위에
3월	三月 sānyuè	싼위에
4월	四月 sìyuè	쓰위에
5월	五月 wǔyuè	우위에
6월	六月 liùyuè	리우위에
7월	七月 qīyuè	치위에
8월	八月 bāyuè	빠위에
9월	九月 jiǔyuè	지우위에
10월	十月 shíyuè	스위에
11월	十一月 shíyīyuè	**스이위에**
12월	十二月 shíèryuè	스얼위에
1일	一号 yīhào	이하오
2일	二号 èrhào	얼하오
3일	三号 sānhào	싼하오
하루	一天 yìtiān	이티엔
이틀	两天 liǎngtiān	량티엔

일주일	一个星期 yígexīngqī	이거씽치
한달	一个月 yígeyuè	이거위에
일년	一年 yìnián	